Schriftenreihe zur Praxis
der Leibeserziehung und des Sports

Band 14

Schriftenreihe zur Praxis
der Leibeserziehung und des Sports

Band 14

Gerhard Dürrwächter

VOLLEYBALL

Spielend lernen —
Spielend üben

Eine methodische Lehrhilfe
zur Einführung des Volleyballspiels

Verlag Karl Hofmann · Schorndorf

Die Deutsche Bibliothek – CIP-Einheitsaufnahme

Dürrwächter, Gerhard:
Volleyball: spielend lernen – spielend üben; eine methodische
Lehrhilfe zur Einführung des Volleyballspiels / Gerhard Dürrwächter.
[Bewegungszeichn.: Klaus Wiemann]. – 11. unveränd. Aufl. –
Schorndorf: Hofmann, 2000
(Schriftenreihe zur Praxis der Leibeserziehung und des Sports; Bd. 14
ISBN 3-77-80-5140-7
NE: GT

Bestellnummer 5141

© 1967 by Verlag Karl Hofmann, 73614 Schorndorf

11., unveränderte Auflage 2000

Bewegungszeichnungen: Klaus Wiemann
Schematische Zeichnungen und Fotos: Verfasser

Erschienen als Band 14 der
„Schriftenreihe zur Praxis der Leibeserziehung und des Sports"

Lizenzausgaben in:
Holland: Volleybal spelenderwijs, Hollandia B. V. 1972,
Dänemark: Volleyball indlaeringsspil, Borgen Forlag 1974,
Spanien: Volleibol. Inst. Nac. de Educación física, Madrid 1974,
Frankreich: Le Volley-Ball; Apprendre et s'exercer en jouant,
Editions Vigot, Paris 1978
Peru: Voleibol — Aprender y practicar jugando,
Editorial Montigraf, Lima 1981
Indonesien: Bola Volley — Belajar dan Berlatih —
Sambil Bermain Penerbit Gramedia Jakarta 1982
Argentinien: Iniciacion al voleibol — aprender jugando, practicar
jugando. Editorial Stadium Buenos Aires 1983
Zimbabwe: Volleyball — A guide for teachers and coaches,
Curriculum Development Unit, Mount Pleasant Harare 1990

Gesamtherstellung in der Hausdruckerei des Verlags
Printed in Germany · ISBN 3-7780-5140-7

Inhalt

Vorwort zur 10. Auflage

Der Aufstieg des Volleyballspiels in der Bundesrepublik und ebenso die Verbreitung dieses Buches in den 25 Jahren seit der ersten Auflage übertrafen alle Erwartungen bei weitem.

Der Deutsche Volleyball Verband entwickelte sich in dieser Zeitspanne mit seinen nun beinahe 450 000 Mitgliedern zu einem der bedeutenden Fachverbände im Deutschen Sportbund. Das Buch erreichte Rekordauflagen und wurde in viele Sprachen übersetzt. Es wurde überarbeitet und neu bearbeitet und ist immer noch das Standardwerk für die Einführung des Volleyballspiels in Schule und Verein.

GERD DÜRRWÄCHTER — ehemaliger Kapitän der Nationalmannschaft und von 1977 bis 1979 Präsident des Deutschen Volleyball Verbandes hat sich in den letzten Jahren im internationalen Volleyballgeschehen vor allem als Experte für Minivolleyball einen Namen gemacht und ist Präsident der Technischen Kommission des Europäischen Volleyball Verbandes.

Ich bin sicher, daß dieses Buch weiterhin allen Volleyball-Lehrenden in Schulen und Vereinen Anregungen für die praktische Arbeit bieten wird.

Als Präsident des Deutschen Volleyball Verbandes bin ich überzeugt, daß dieser „Klassiker" der deutschen Volleyball-Literatur in der neuen Fassung ebenso viele Interessenten finden wird, wie die vorher gedruckten neun Auflagen.

Ich hoffe und wünsche, daß der Volleyballsport in der Bundesrepublik durch dieses Buch weiterhin wertvolle Impulse erhält und daß es wie bisher dazu beiträgt, den Stellenwert unserer Sportart noch mehr zu erhöhen.

Frankfurt, im März 1993

Prof. Dr. ROLF ANDRESEN
Präsident des
Deutschen Volleyball Verbandes

A. Einleitung

I. Volleyball — ein Spiel für Schule und Freizeit

Beim derzeitigen Umfang der Leibesübungen an den Schulen ist es unmöglich, alle „Großen Spiele" so intensiv zu betreiben, daß jedes eine sportlich und pädagogisch wirksame Form erreichen könnte. Wir müssen einem oder höchstens noch einem zweiten dieser Spiele den Vorrang geben und hier versuchen, ein möglichst hohes Spielniveau zu erreichen. Die stärkere Einwirkung des Spiels auf den einzelnen und auf die Mannschaft und die erhöhten Anforderungen wiegen dann die Nachteile der Spezialisierung auf. Nur so gelingt es uns, ein dauerhaftes Bedürfnis nach sportlicher Betätigung in unseren Schülern zu festigen und ihnen — das ist in den Abgangsklassen besonders wichtig — den Weg in einen Sportverein zu ebnen.

Die Entscheidung, welches Spiel vorzuziehen sei, wird dem Sportlehrer oft durch örtliche Gegebenheiten oder technische und organisatorische Voraussetzungen abgenommen. Oft sprechen gute Vorkenntnisse der Schüler für ein bestimmtes Spiel; häufig bestimmen die Tradition der Schule, Vorlieben der Klasse oder des Lehrers die Wahl.

Die Vorteile des Volleyballspiels als Schulspiel sind offensichtlich. Sie können ihm einen gewissen Vorsprung bei der Wahl verschaffen, wenn sich die ebenso offensichtlichen Nachteile des Spiels durch geeignete Maßnahmen mindern lassen.

1. Vorteile

a) Die vorgeschriebene Spielfläche ist klein und erlaubt den Einsatz einer verhältnismäßig hohen Spielerzahl.

b) Der Spielcharakter bleibt erhalten, wenn das Spielfeld verkleinert oder die Mannschaftsstärke vermindert wird.

c) Es können ohne weiteres Verschiedenaltrige oder Jungen und Mädchen zusammen in einer Mannschaft oder gegeneinander spielen.

d) Eine unterschiedliche Spielerzahl beeinflußt die Spielstärke nur unerheblich.

e) Der Spielgedanke ist einfach. Er wird nicht gefährdet, wenn die Spielregeln grob vereinfacht und dem jeweiligen Stand von Technik und Taktik angepaßt werden.

f) Das Spielergebnis hängt in erster Linie vom Können und Einsatz aller Spieler ab. Herausragende Spieler können allein nicht viel bewirken, eine eigenwillige Spielweise bringt Nachteile und führt ganz selten zum Erfolg.

g) Reaktionsschnelligkeit und Gewandtheit, Aufmerksamkeit und Konzentrationsfähigkeit sowie Sprungkraft werden hervorragend geschult. Die Kraft spielt zunächst eine untergeordnete Rolle. Eine einseitige Beanspruchung bestimmter Körperpartien unterbleibt, ebenso die Spezialisierung auf bestimmte Spielfunktionen.

h) Die Verletzungsgefahr ist gering, da die Spielregeln jede körperliche Auseinandersetzung mit Gegenspielern verbieten.

2. Nachteile

a) Die zu fordernden Bewegungsabläufe sind ungewohnt und liegen nur teilweise im Bereich anderer Spiele und Sportarten.

b) Die Kenntnis von Spielregeln, von technischen und taktischen Grundformen kann nicht vorausgesetzt werden.

c) Die organische Belastung bleibt im Anfängerspiel gering und ergibt sich erst mit fortgeschrittenem technischen Können; besondere Laufleistungen fehlen auch dann. Dies wiederum begründet die Eignung von Volleyball als life-time-Sport.

d) Die kraftvolle körperliche Auseinandersetzung mit dem Gegner fehlt völlig. Auch ein verstärkter Krafteinsatz bei technischen Abläufen bringt dem Anfänger nur Nachteile und erhöht erst später — beim Schmettern und Blockieren — die Erfolgsaussichten. (Bei Mädchen, und in bestimmten Altersstufen auch bei Jungen, sind dies allerdings eher Vorteile.)

e) Die psychische Belastung im Spiel ist groß: nahezu pausenlose Konzentration und Aufmerksamkeit, starke Abhängigkeit vom Mitspieler und die nur ausnahmsweise bestehende Möglichkeit, seine Fehler ausgleichen zu können; die emotionale Hochspannung im Spiel und das enge Beieinander im Spielfeld, die jede negative Äußerung verstärken.

f) Motivierende Vorbilder und Zielvorstellungen fehlen; die Massenmedien berücksichtigen das Spiel nur selten oder höchstens am Rande.

II. Die Einführung des Volleyballspiels

Die ausschlaggebenden Argumente gegen Volleyball als Schulsportart betreffen meist Schwierigkeiten bei der Einführung. Wer nämlich Anfänger gleich in Sechsermannschaften auf dem regulären Spielfeld gegeneinander spielen läßt, wird weder sich selbst noch seinen Schülern eine Freude machen: viele Aufschlagfehler und mißglückte Annahmen, Mißverständnisse im Abspiel und in der Abwehr verhindern jeglichen Spielfluß und interessante Ballwechsel. Eine einfache und bewegungsreiche Grundschule kann diese Mängel beheben und bewirken, daß Volleyball bei Schülerinnen und Schülern gut ankommt und ohne zu langes und langweiliges Üben ein ansprechendes Spiel gelingt.

Die folgende methodische Spielreihe und ihr zugeordnete Übungsreihen sollen dabei eine Handreichung sein. Sie wurden oft erprobt und immer wieder verbessert und ausgebaut. Sie sind in erster Linie für Schülerinnen und Schüler von 9 bis 13 Jahren gedacht, eignen sich aber auch zum größten Teil für ältere und erwachsene Anfänger. Eine Trainingsanleitung für Wettkampfmannschaften soll das Buch nicht sein.

1. Einführung in einem langen Zeitraum

Vom vierten bis sechsten Schuljahr erscheinen immer wieder im Schlußteil von Sportstunden oder bei der Einstimmung vorbereitende Spiele für Volleyball. Jedesmal, wenn mit Bällen geübt wird, tauchen nebenbei auch einige Übungen der Volleyballvorbereitung auf. Ab und zu wird auch ein Volleyballthema das Kernstück von Sportstunden bilden.

Die große Geschicklichkeit dieser Altersstufe und die Freude am Erlernen von Kunststückchen wird ausgenützt. Erfolge in den vorbereitenden Spielen und Mannschaftswettbewerben hängen zunächst allein von der Geschicklichkeit der Einzelspieler ab, und nur ganz allmählich gewinnen Taktik und Mannschaftsspiel eine größere Bedeutung für den Erfolg. Die organisatorischen Probleme bei der allmählichen Einführung sind durch günstige Planung und geschickte Improvisation zu lösen.

2. Die schnelle Einführung

Mit einem siebten Schuljahr und mit älteren Schülern müssen wir das reguläre Spiel oder zumindest Minivolleyball schneller erreichen, die technischen Vorbereitungen zunächst auf das Notwendigste beschränken und Fehlendes schrittweise nachholen.

Die Geschicklichkeitsspielchen und kleinen Wettbewerbe können viele Schüler jetzt nur noch kurzfristig fesseln; sie reizt die Bewährung im Mannschaftsspiel, und sie suchen harten Körpereinsatz.

Setzen wir die Übungsreihen mit den zugehörigen vorbereitenden Spielen als Zentralthemen unmittelbar oder in kurzen Abständen aufeinander folgender Sportstunden ein, so wird mit 14- bis 15jährigen schon nach etwa sechs bis acht Stunden ein Spiel nach vereinfachten Regeln möglich sein.

Der Stoff prägt sich nachhaltiger ein, und die Organisation wird einfacher als bei der Einführung in einem langen Zeitraum. Die Planung der Unterrichtseinheit ist nicht leicht: ein könnens- und altersgemäßer Ansatz ist aus-

zuwählen, leistungsgerechte Teilziele für jede Einzelstunde sind festzu-
legen und mit fachlichem Können und methodischem Geschick auf dem
kürzesten Weg anzustreben.

Technische und taktische Vorkenntnisse, auch aus anderen Sportspielen,
machen Teile der Spiel- und Übungsreihen völlig oder wenigstens für den
spielbegabteren Teil der Gruppe entbehrlich.

Eine Anzahl anderer Faktoren kann eine deutliche Verlagerung des Zeitauf-
wandes von der Spielreihe zu den Übungsreihen oder umgekehrt bedin-
gen. Lang andauerndes und konzentriertes Üben ist schmackhaft zu
machen, eine hohe Übungsintensität — viele Bälle und kleine Gruppen —,
zusätzliche Belastungen und eine günstige Mannschaftseinteilung müssen
den körperlichen und spielerischen Ansprüchen der Klasse gerecht
werden.

Auf beiden Wegen entsteht ohne große Schwierigkeiten und in einem ver-
tretbaren zeitlichen Aufwand im siebten, bestimmt aber im achten Schuljahr, ein gutes Mannschaftsspiel mit langdauernden Ballwechseln und
gelegentlichen Schmetterschlägen.

Die Kreislaufbelastungen anderer Sportspiele wird Anfängervolleyball nicht
erreichen, es bringt häufige und hohe, selten jedoch lange andauernde Anstrengungen.

Als besonderer Vorteil zeigt sich jetzt, daß auch in kleinen Hallen alle teilnehmen können und nie ein großer Teil der Klasse zuschauen muß. Unterschiedliche Spielregeln ermöglichen bei den Kleinfeldspielen die könnens-
gemäße Beteiligung aller Schüler. Jeder, auch der Schwächste, kann und
muß als voll verantwortlicher Spieler mitspielen.

III. Spielend lernen — spielend üben

1. Forderungen an den Spieler

Ein Ballspiel läuft erst dann flüssig und geregelt ab, wenn die Spieler seine
Grundelemente beherrschen. Ohne gekonntes Fangen und Werfen sind
weder Handball noch Basketball möglich. Für Volleyball reicht zunächst ein
einziges Grundelement, das Pritschen (oberes Zuspiel), aus. Später kommen Baggern (unteres Zuspiel) und Aufschlagen dazu, und schließlich wird
mit Schmettern und Blocken die Grenze vom Freizeitspiel zum Wettkampfsport überschritten.

Die Schüler müßten also eigentlich zuerst das Pritschen erlernen und üben,
ehe ein Volleyballspiel beginnen kann. Zwei Gründe sprechen gegen ein
solches Vorgehen:

Das Pritschen ist ein sehr komplizierter und ungewohnter Bewegungsablauf, es dauert deshalb sehr lange, ehe endlich gespielt werden kann. Außerdem reicht selbst gutes technisches Können nicht aus, um ein flüssiges Spiel zu garantieren, denn taktische Mängel verhindern die Anwendung des Erlernten. Im Volleyballspiel ist nämlich das Verhalten des Einzelnen im Spielfeld und zu seinen Mitspielern entscheidender als bei anderen Ballspielen. Dort darf der Ball zwischen den Spielzügen auf den Boden fallen und rollen, er kann mehr oder weniger lange gehalten und getragen werden, ehe das Abspiel erfolgt. Beim Volleyball ist das Spiel unterbrochen, sobald der Ball den Boden berührt. Eine einzige, kurze Ballberührung muß ausreichen, ihn nicht nur in der Luft zu halten, sondern ihn zugleich möglichst günstig zu einem Mitspieler oder möglichst wirkungsvoll zum Gegner zu befördern.

Sollte der Lehrweg also mehr nach diesen taktischen Problemen ausgerichtet werden? Wir müßten mit technisch einfacheren, in den taktischen Forderungen aber volleyballähnlichen Spielen beginnen. Durch Sonderregeln allmählich zur richtigen Technik geführt, könnten die Schüler dann schließlich nach internationalen Regeln spielen.

Auch dieser Weg birgt Nachteile:
Die hohe emotionale Beteiligung der Spielenden überlagert den Lernprozeß und engt die Möglichkeiten des Lehrers zu steuernden Eingriffen ein. Die geringere Übungsintensität und besonders die im Spiel dauernd und sehr stark wechselnden Lernbedingungen verzögern das Erlernen einer sauberen, regelgemäßen Technik und führen nicht selten, besonders wenn diese im Spiel zunächst Vorteile bringen, zu fest haftenden Fehlern.

Der erfolgversprechendste Weg zur Einführung des Volleyballspiels muß also ganz sicher **Spielen und Üben** enthalten.

2. Spielreihe, vorwiegend zur taktischen Schulung

Als **Hauptstraße** führt die **methodische Spielreihe** vom einfachen *Ball über die Schnur* über zwei schwierigere Spiele zum Teilziel *Minivolleyball* (Abb. 1).

Dieses Spiel bleibt die Endform, wenn viele Schüler auf kleinen Spielflächen intensiv spielen sollen. Es bleibt auch dann die Endform, wenn nicht das strikt regelgemäße Wettkampfverhalten und die rasche Leistungssteigerung Priorität erhalten sollen, sondern Freude und Spaß im Vordergrund stehen und deshalb Spielcharakter und Spielregeln ganz auf die jeweiligen personellen und räumlichen Gegebenheiten abgestimmt werden können. Den immer noch beschwerlichen Übergang zum *Volleyball nach internationalen Regeln* sollten Sonderregeln und *Vierervolleyball* erleichtern.

- *Ball über die Schnur* (Abb. 2),
- *Volleyball mit Auffangen* (Abb. 10),
- *Volleyball ohne Aufschlag* (S. 66),
- *Minivolleyball* (Abb. 55),
- *Vierervolleyball* (Abb. 83),
- *Volleyball nach internationalen Regeln* (Abb. 86).

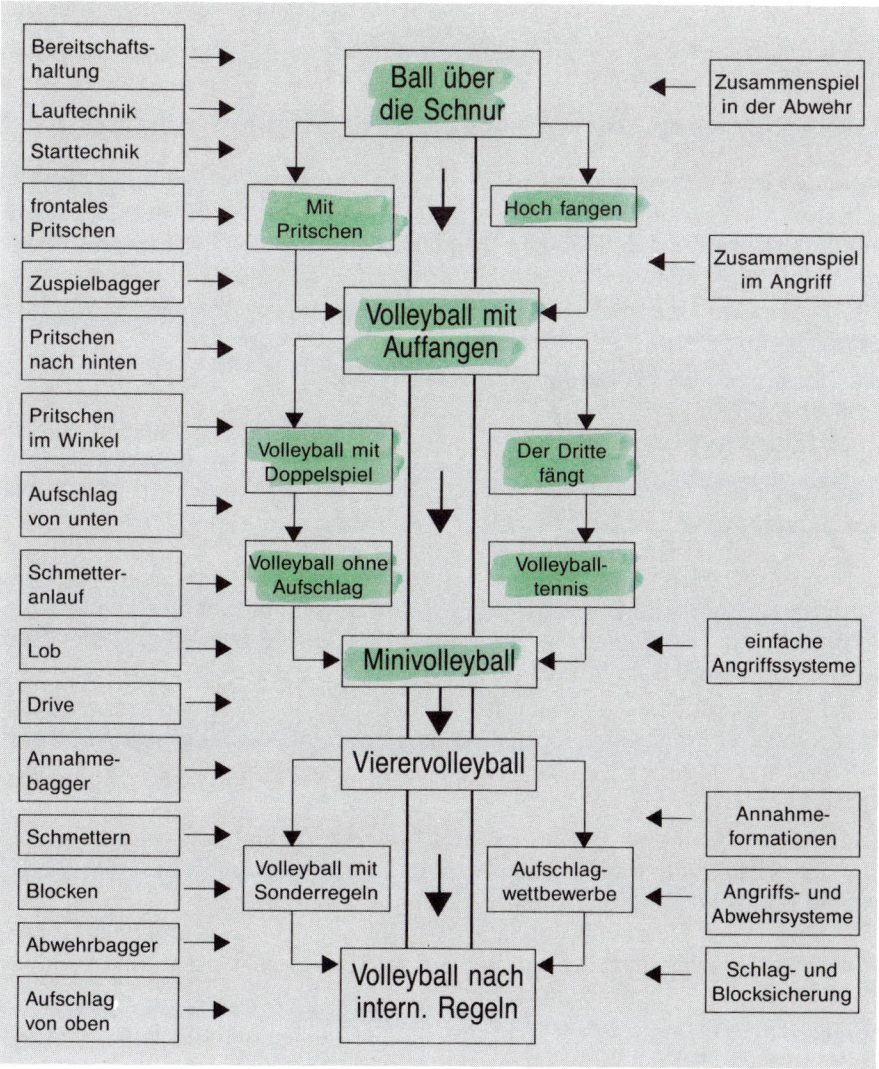

Abb. 1

Als **Umleitungen** schulen zusätzliche Spiele besonders wichtige technische Elemente oder taktische Verhaltensweisen oder verkleinern die Lernschritte und stellen leicht erreichbare Zwischenziele für langsamer Lernende oder schwierigere Steigerungsformen für talentierte Spieler dar. Sie rücken entweder zunächst das Angriffsverhalten in den Vordergrund (z. B. *„Mit Pritschen"*) oder verbessern speziell das viel schwierigere Abwehrverhalten des einzelnen und im Zusammenspiel mit Partnern (z. B. *„Hoch fangen"*). In der methodischen Spielreihe sollen unsere Schüler das taktisch richtige Verhalten als Einzelspieler und als Mitglied einer Mannschaft sowie alle wichtigen Spielregeln **spielend lernen.**

3. Übungsreihen, vorwiegend zur technischen Schulung

Als **Zubringer** dienen **methodische Übungsreihen** vorwiegend der technischen Schulung, dem Erlernen der Grundelemente. Wir lenken dabei die Aufmerksamkeit der Schüler auf technische Einzelheiten und sorgen dafür, daß jeder sich intensiver als im Spiel mit dem Ball beschäftigen kann.

Die allgemeine Geschicklichkeit im Umgang mit dem Ball wird besonders betont, selbst wenn dies als Umweg erscheinen mag.

Die Übungsreihen für die fünf Grundelemente:

— *Pritschen* (Abb. 12, 13),
— *Aufschlagen* (Abb. 49),
— *Baggern* (Abb. 32, 33, 34),
— *Schmettern* (Abb. 57, 59, 60),
— *Blockieren* (Abb. 70, 71),

beginnen mit besonders einfachen Übungen und führen zu schwierigeren Formen, die schon im Grenzbereich von Anfängerschulung und Wettkampftraining liegen. Sie gipfeln in der Anwendung des Erlernten im dazu passenden Spiel der Spielreihe.

Eine kurze Darstellung der richtigen Technik und der zu erwartenden Fehler gehen jeder Übungsreihe voraus und sollen die Auswahl der jeweils geeignetsten Übung und die Beurteilung des Bewegungsablaufes bei den Übenden erleichtern.

Knappe Anweisungen, in Kursivschrift hervorgehoben, sollen den Lernenden die entscheidenden Merkmale einer Technik bewußt machen oder sie auf die taktische Bedeutung einer Übungsform hinweisen: wer beim Üben zum Mitdenken angehalten wird, lernt nicht nur schneller und williger und behält das Erlernte länger, sondern wird auch im Spiel mitdenken und komplexe taktische Probleme meistern können.

Auch in den Übungsreihen wecken und erhalten wir das Interesse der Schüler durch Spiel- und Wettkampfformen und lassen nie stur trainieren, sondern immer **spielend üben.**

B. Ball über die Schnur

Ball über die Schnur ist — besonders für die Neun- und Zehnjährigen — ein ideales Vorbereitungsspiel für Volleyball: einfache Regeln, eine ebenso einfache Technik (Fangen und Werfen) und die Möglichkeit einer Steigerung zum schnellen, anstrengenden Kampfspiel (Sprungwurf — siehe *Abb. 2),* ein dem Volleyball ähnlicher Spielgedanke und ein nahezu gleichartiges Stellungsspiel in der Feldverteidigung.

Abb. 2

I. Spielregeln

1. Spielgedanke

Zwei Parteien bemühen sich, den Ball so über eine hohe Leine zu werfen, daß er im gegnerischen Feld den Boden erreicht oder daß wenigstens das Auffangen und Zurückwerfen erschwert wird. Berühren der Leine durch Spieler oder Ball sind Fehler:

Mögliche Zusatzregeln:

1. Fangstelle bedeutet Abwurfstelle; bis zu zwei Abspiele im eigenen Feld sind erlaubt.
2. Der Anwurf zu Beginn und nach jedem Fehler des Gegners erfolgt von der Endlinie durch den Hinterspieler.
3. Wer zuerst 15 Punkte erreicht (bei mindestens 2 Punkten Vorsprung), ist Sieger.

2. Geräte

Eine Faustballschnur oder das auffälligere Baustellenband wird 20 cm über der Reichhöhe eines großen Schülers von einer Stirnseite der Halle zur anderen gespannt (siehe *Abb. 3a und 56*). Zwei Hochsprungständer auf den Angriffslinien verhindern ein Durchhängen und verdeutlichen die Spielfeldgrenzen.

Das Längsnetz (Sonderanfertigung oder zusammengehängte und verknotete Normalnetze) ist in jedem Fall und bei allen Vorbereitungsspielen vorzuziehen. Die deutlichere Trennung beider Felder, die bessere Orientierung in Netznähe, die Möglichkeit, bei Netzbällen weiterspielen zu können und nicht zuletzt die motivierende Wirkung der Ausstattung wie beim ,,richtigen'' Volleyball lohnen den Mehraufwand (siehe *Abb. 87, 97*).

Gummischnüre (Zauberschnur) sind ungünstig; sie schwingen bei jeder Berührung zu lange und stark.

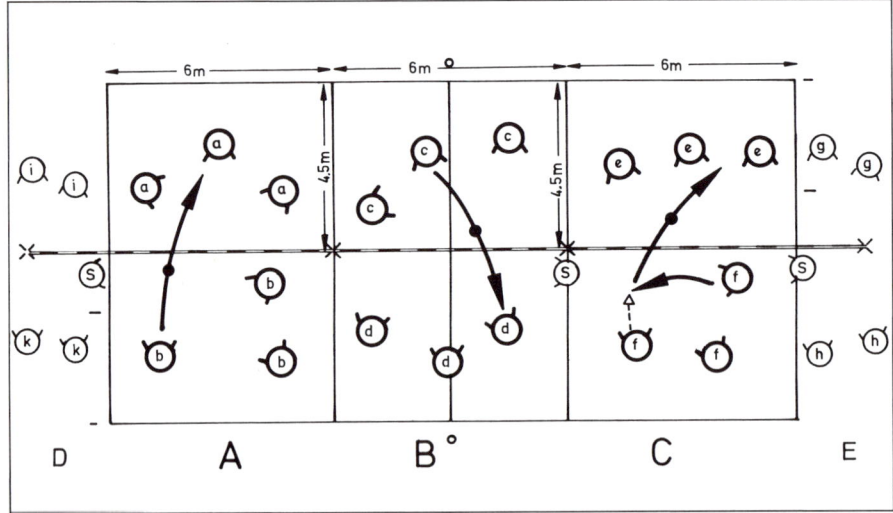

Abb. 3a

Normalerweise spielen wir mit Volleybällen; je nach Trainingsziel sind auch Handbälle (Schnelligkeit) oder Medizinbälle (Kraft) verwendbar.

3. Mannschaften

Zwei bis höchstens vier Spieler; bei höherer Teilnehmerzahl sinkt die Belastung, und besonders die schwächeren Schüler stehen untätig herum.

4. Spielfeld

Abhängig von Hallengröße, Altersstufe und Art der verwendeten Bälle; vorhandene Markierungen werden ausgenützt. Bei Einteilungen nach *Abb. 3a* können in einer Normalturnhalle (Hallendrittel) 18 Schüler gleichzeitig spielen (Felder A, B, C). In den Randstreifen zwischen Wand und Endlinie bringt man notfalls noch acht Schüler unter (D, E); drei bis fünf sind als Schiedsrichter (S) tätig.

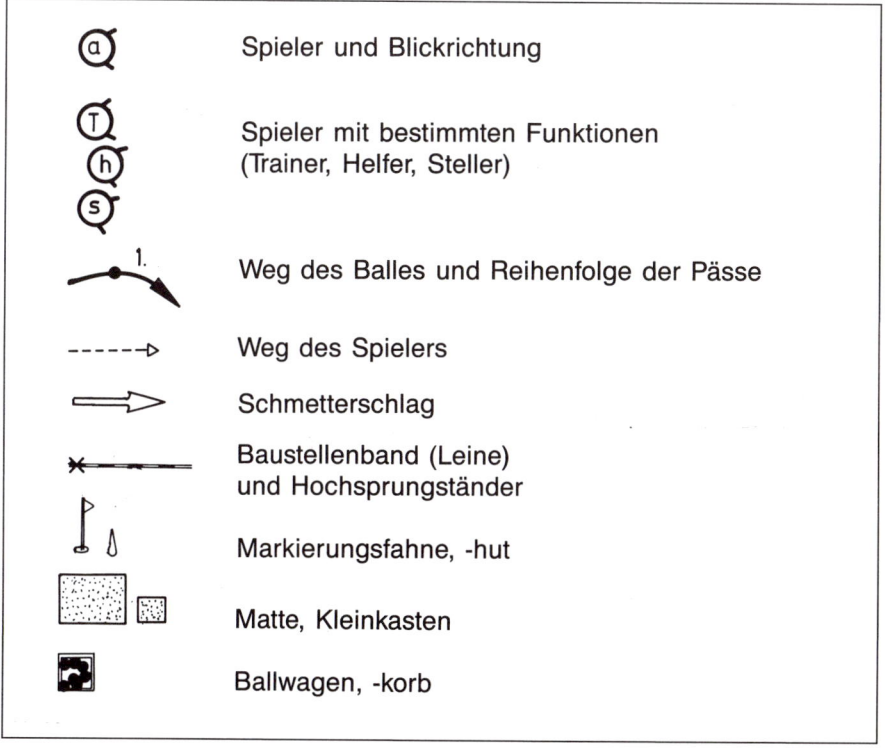

Abb. 3b

II. Taktik

Die Schüler gewöhnen sich daran, reaktionsbereit, in einer günstigen Bereitschaftshaltung *(Abb. 4)* den gegnerischen Angriff zu erwarten und rechtzeitig, schnell und richtig in Stellung zu laufen. Sie merken bald, welchen Ball sie selbst auffangen müssen und welchen sie besser einem Mitspieler überlassen sollten. Sie erkennen, daß aus jeder Reaktion der Zwang zum Handeln entsteht: *„Wer A sagt, muß auch B sagen!"* und lernen, daß ein Abspiel zum Vordermann häufig vorteilhafter ist, als jeden aufgefangenen Ball selbst zurückzuwerfen.

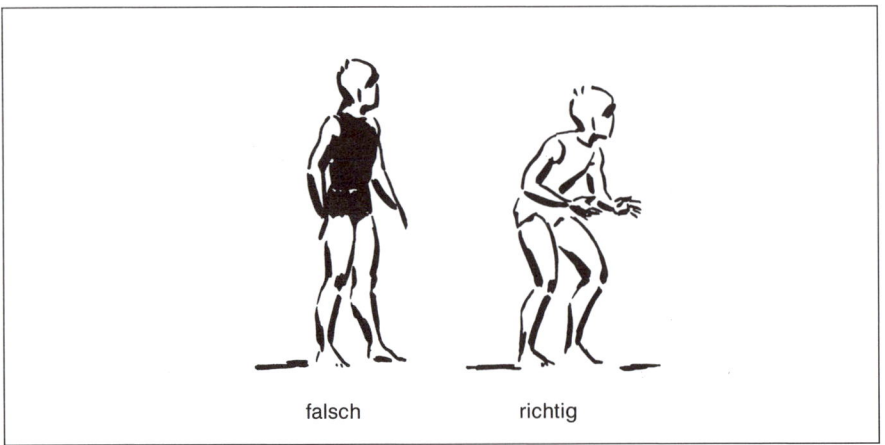

falsch   richtig

Abb. 4

III. Zwei Sonderregeln

Beide Regeln sollen *Ball über die Schnur* erschweren und den nächsten Spielen der Reihe angleichen. Sie setzen leichte Bälle voraus und können erst gelten, wenn das Spiel gut läuft.

1. „Hoch Fangen"

Man darf den vom Gegner kommenden Ball nur über dem Kopf auffangen *(Abb. 5)*.

2. „Mit Pritschen"

Der Fänger muß sich den Ball anwerfen und ins Gegenfeld „pritschen". Die erste Regel zielt besonders auf gekonntes Stellungsspiel in der Verteidigung, auf einsatzfreudige Abwehraktionen im Fallen und Abrollen ab, die andere soll erste Bekannschaft mit dem Pritschen vermitteln. Fangen bzw. Rückspiel sind erschwert, schnelleres Reagieren und besseres Zusammenspiel werden notwendig.

Abb. 5

C. Volleyballer müssen schnell reagieren

I. Bereitstehen — starten — laufen

In einer zweckmäßigen Haltung bereitstehen und beobachten, dann schnell reagieren und rasch an den Einsatzort laufen: dies gilt für *Ball über die Schnur* und genauso für *Volleyball.*

1. Bereitschaftshaltung

Wer plötzlich und schnell in eine vorher nicht bekannte Richtung starten will, darf nicht aufrecht mit gestreckten Beinen und hängenden Armen im Spielfeld stehen *(Abb. 4)*. Er sollte die Bereitschaftshaltung einnehmen *(Abb. 4)*.:
— Offene Schrittstellung: schulterbreit gegrätscht, den der Seitenlinie näheren Fuß vorgesetzt.
— Startbereit: Knie und Hüfte leicht gebeugt, Körpergewicht auf den Fußballen.
— Spielbereit: Unterarme anheben.

2. Reagieren

Aufmerksam den Ball und den Spieler mit Ball beobachten. Die Absicht deutlich anzeigen, am besten durch Zuruf, und keinesfalls reagieren, ohne zu handeln.

3. Bewegen

Der erste Schritt ist immer klein; im kleinen Spielfeld sind Nachstellschritte, (seitlich, vor- und rückwärts), flach und immer mit Bodenkontakt, besonders gut geeignet.

II. Wettbewerbe und Spiele

1. Schwarz-Weiß

Zwei Mannschaften stehen sich etwa auf den Angriffslinien gegenüber. Auf ein vorher vereinbartes Zeichen des Leiters — z. B. den linken oder rechten Arm heben (Vierteldrehung, einen Ball rollen) — gilt es, die flüchtende andere Gruppe zu verfolgen und möglichst viele Spieler abzuschlagen, ehe sie die Grundlinie erreichen.

2. Schattenlaufen

Zwei Spieler stehen sich gegenüber *(Abb. 6)*. Einer bewegt sich mit seitlichen Nachstellschritten, stoppt, wechselt unvermittelt die Richtung. Der andere soll reaktionsschnell folgen und sich mit den Händen immer „in Ballhöhe" befinden.

Abb. 6

3. Pendelstaffel mit Keulen *(Abb. 7)*

Gleichviele Spieler jeder Mannschaft stehen auf jeder Grundlinie. Sie sollen den Ball zum Vordermann der Gegengruppe tragen (Fußball-, Basketballdribbling) und sich dort zum nächsten Lauf anschließen. Jeder muß auf dem Laufweg die stehende Keule umlegen und die liegende aufstellen.

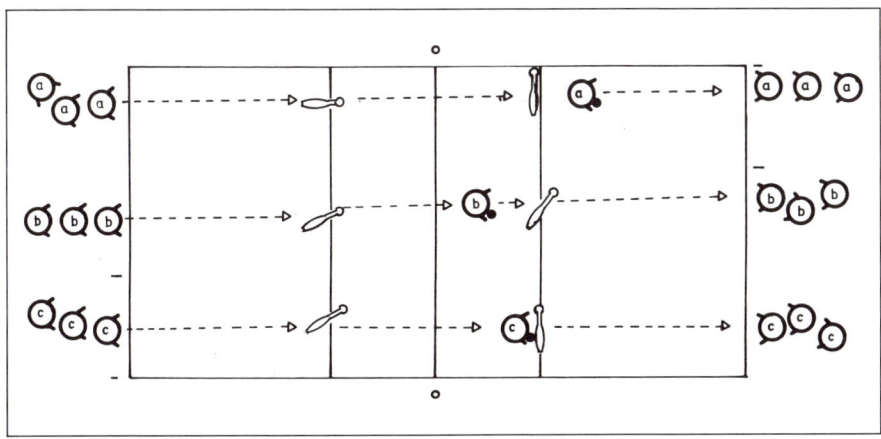

Abb. 7

4. Foppen und Fangen

Je zwei Spieler stehen sich an der Mittellinie nahe gegenüber. Der Fänger soll seinen Partner abschlagen, ehe er die Angriffslinie erreicht. Er darf jedoch erst — und nur dann — starten, wenn dieser mit dem Fuß auf die Linie tritt; der Foppende darf täuschen, mehrmals neben die Linie treten und die entscheidende Berührung dann „ganz nebenbei" ausführen.

III. Wer kann am besten mit dem Ball umgehen?

Geschicklichkeitsübungen und -wettbewerbe mit Volleybällen sollen den Umgang mit dem fliegenden Ball schulen, nebenbei aber auch schon in die Anfangsgründe des oberen und unteren Zuspiels einführen. Die eingehende Vermittlung dieser Techniken erfolgt später. Jetzt machen wir, nur damit das verlangte Kunststückchen besser gelingt, die richtige Handhaltung und Fingerstellung beim Pritschen (siehe *Abb. 15, 16*) und die Armhaltung beim Baggern *(Abb. 33)* lediglich vor und weisen höchstens auf die allerwichtigsten Bewegungsmerkmale hin.

Je schwieriger und artistischer die Übung, umso eifriger beschäftigt sich jeder mit seinem Ball. Selbst anstrengende Konditionsarbeit und wenig beliebte gymnastische Übungen kommen gut an, wenn nur der Ball die Hauptsache bleibt.

1. Vorne werfen — hinten fangen

— *„Wer kann den Ball senkrecht hochwerfen und dann hinter dem Rücken auffangen?"* (Abb. 8).
— *„Wer schafft das sechsmal in Folge ohne Fehler?"*
— *„Nicht hochwerfen, sondern senkrecht pritschen!"*
— Dann von hinten hochwerfen und vorne fangen.
— Vorne nicht gleich auffangen, sondern den Ball vorher „baggern".
— *„Wer kann das alles als Serie?"* Man darf nur hinten fangen und werfen; vorne wird (ohne Fangen) „gepritscht" oder „gebaggert".

2. Auf und nieder

— *„Wer kann den Volleyball (Weichball) hochwerfen, sich schnell hinsetzen und den Ball auffangen?"*
— *„Wer schafft sechs Versuche ohne Fangfehler?"*
— Dann im Sitz hochwerfen und im Stand fangen.
— Statt Hochwerfen ist Pritschen (im Stand, im Sitz) verlangt.
— Statt Auffangen vorher baggern (im Stand)!

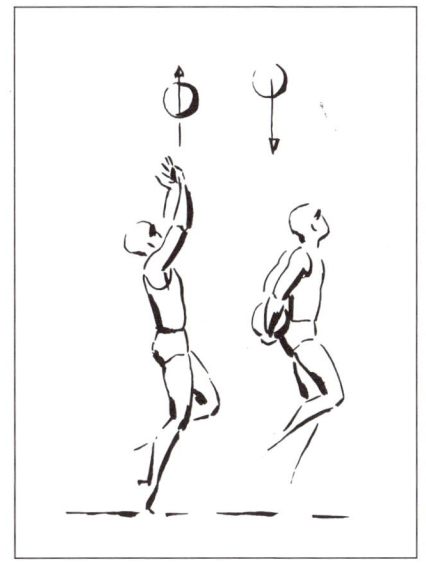

Abb. 8   *Abb. 9*

3. Ballprobe

Den Volleyball (Weichball) an die Wand werfen und mit beiden Händen auffangen. Solange der Ball unterwegs ist, der Reihe nach (je dreimal), hinter dem Rücken klatschen; ganze Drehung und dabei zweimal klatschen; jedesmal vor dem Fangen „baggern".

4. Mit Kopfballeinlage

— *„Wer kann ohne Auffangen zwischen Kopfball und ‚pritschen' wechseln?" (Abb. 9);*
— *„Wer kann einen ‚Bagger' einschalten?"*
— *„Wer stellt eine Kürübung aus diesen drei Elementen zusammen?"*
Wer kann am längsten ohne Fehler:
Hochpritschen — aufspringen lassen — mit dem Unterarm hochschlagen — hochpritschen oder
pritschen — Boden — Oberschenkel — pritschen?
Wem gelingen die letzten beiden Übungen ohne Aufprellen?
Also: pritschen — Oberschenkel — pritschen — Unterarm.

5. Balanceakt

— *„Wer kann den Volleyball (Weichball) auf den aneinandergelegten und im Ellbogen völlig gestreckten Armen balancieren?"*

— Dabei einige Schritte vorwärts, rückwärts und seitwärts machen.
— Sich dabei hinsetzen und wieder aufstehen.
— *„Wer kann den Ball anwerfen und ihn dann sechsmal auf den waagrecht ausgestreckten Armen springen lassen?"*

6. Der Partner wirft

Ein Partner wirft aus etwa 6 m Abstand hoch zu. Der andere muß jeweils dreimal auf immer schwierigere Weise annehmen:
— Beliebig auffangen;
— wie ein Fußballtorwart am Körper fangen;
— mit dem Oberschenkel hochlenken und dann fangen;
— „baggern" oder „pritschen" und dann fangen;
— im Sitz auffangen usw.
— *„Gelingt das Fangen auch dann noch, wenn der Partner zwar hoch genug, aber absichtlich ungenau zuwirft?"*

D. Volleyball mit Auffangen

Die zweite Form unserer methodischen Spielreihe ähnelt *Ball über die Schnur,* bringt aber doch eine ganze Reihe zusätzlicher Schwierigkeiten.
— Die Schüler müssen zum Pritschen unter den Ball laufen.
— Das Abspiel im eigenen Feld ist Pflicht.
— Erfolgreich spielen kann man nur mit Hilfe des Partners (Abhängigkeit vom Partner, „Zwang" zu mannschaftsdienlicher Spielweise).

I. Angreifen ist einfacher als Abwehren

Erfahrungsgemäß bereitet die Verteidigung, besonders das Zusammenwirken mehrerer Spieler bei Annahme und Abwehr, den meisten Anfängern größere Schwierigkeiten als der volleyballspezifische Angriff.

Bei der Auswahl geeigneter Spielformen — sie sollen nicht so einfach sein, daß Langeweile aufkommt, aber auch nicht so schwierig, daß der Spielfluß ausbleibt — geht es deshalb meist darum, den Angriff zu erschweren und die Abwehr zu erleichtern.

Folgende Maßnahmen erfüllen diese Bedingung:
— *Höheres Netz* (langsamer; hohe Flugkurve).
— *Kleineres Feld* (engere Deckung; weniger Lücken).
— *Kleinere Mannschaft* (weniger Mißverständnisse).
Auch größere, leichtere Bälle (Badeball) und der Weichball mindern die Erfolgschancen der Angreifer.

Volleyball mit Auffangen bildet speziell die Abwehrfähigkeiten aus: Vorschriften zur Abwehrtechnik schränken den Aktionsradius ein, bringen Verständigungsprobleme und fordern bessere Antizipation und schnellere Reaktion.

II. Spielregeln

Spielgedanke, Regeln über Geräte, Mannschaften, Anwurf und Zählweise wie bei *Ball über die Schnur.* Wir spannen jedoch jetzt die Leine in Sprunghöhe (2,5 bis 2,8 m) und führen eine neue Regel ein: der vom Gegner herüberfliegende Ball muß in die Höhe gepritscht werden; erst dann darf ihn ein Mitspieler auffangen und zurückwerfen *(Abb. 10)*. Als Regelverstoß beim Pritschen ahnden die Schiedsrichter zunächst nur solche Schläge, bei denen nicht Daumen und Zeigefinger, sondern die kleinen Finger gegeneinander zeigen (Schöpfen).

III. Spielfeld

Die Größe des Spielfeldes und seine Form, ebenso die Mannschaftsstärke (zwei oder drei Spieler) haben entscheidenden Einfluß auf das Gelingen des Spiels.

Beim langen und schmalen Spielfeld (Handtuch) — Maße je nach Altersstufe von 3 auf 4,5 m bis 4 auf 7 m — läßt sich die Halle bei Querbetrieb optimal ausnützen. Es ergeben sich außerdem besonders einfache Spielbedingungen: die beiden Spieler stehen hintereinander; meist lenkt der Vorderspieler den Ball in die Höhe, der Hinterspieler fängt auf und wirft zurück *(Abb. 10)*. Beim quadratischen und erst recht beim breiten und kurzen Feld

Abb. 10

(Maße gemäß *Abb. 11*) ergeben sich technisch und taktisch schwierigere, aber volleyballähnlichere Bedingungen: die beiden Spieler stehen jetzt nebeneinander oder drei im Dreieck *(Abb. 11)*. Der Ball muß von den Vorderspielern zur Seite in Richtung Spielfeldmitte, vom Hinterspieler schräg nach vorne abgespielt werden.

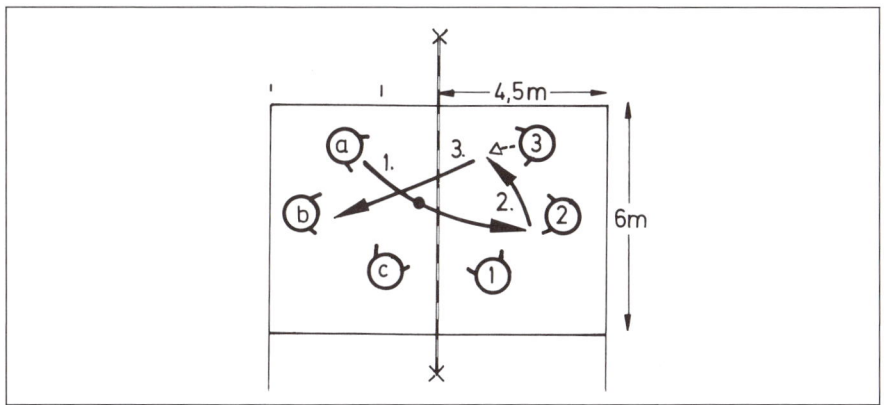

Abb. 11

IV. Sonderregeln

a) Nicht nur der Annehmende, sondern auch ein zweiter Spieler muß pritschen, und erst dann darf der Ball durch den dritten (oder wieder den ersten) aufgefangen werden.

b) Der Fänger darf den Ball nicht direkt zurückwerfen, sondern muß ihn einem Partner zuwerfen, und dieser pritscht ins Gegenfeld. Das Spiel wird durch diese Regel zwar bedeutend langsamer, zwingt aber zu einem Zuspiel nach vorne (falls ein Laufen mit dem Ball verboten ist) und fördert das Zusammenwirken im Angriff.

c) Der Bagger tritt an die Stelle des Pritschens; Band etwa in Reichhöhe.

Zwei Spielregelungen sind dabei besonders zu empfehlen:
— Variante des Grundspiels: der erste Spieler muß baggern, und der zweite fängt.
— Variante des Spiels nach Sonderregeln IV a): für den ersten ist der Bagger Vorschrift, der zweite muß pritschen.

Die letzten Regeln bewirken ein dosiertes und zielgenaues Baggern und bereiten die im Großfeld unverzichtbare Abfolge vor.

In der jetzigen Ausbildungsphase würde die freie Wahl der (jeweils richtigen) Technik — Pritschen oder Baggern — eine Erschwerung und Überforderung darstellen.

V. Technik und Taktik

Ein reguläres Pritschen im Winkel oder Pritschen nach hinten kann natürlich noch nicht verlangt werden. Die Schüler sollen lediglich versuchen, den Ball so in die Höhe zu pritschen, daß einem Mitspieler das Auffangen erleichtert wird. Sehr schnell gelingt ein mehr oder weniger steiles Hochlenken; das Zuspiel zum Vordermann ist bedeutend schwieriger.

Wir zeigen den Schülern die günstigste Spielstellung (Abb. 4) und halten sie dazu an, rechtzeitig und schnell in Stellung zu laufen, nicht nur damit sie aus dem sicheren Stand pritschen können, sondern auch, um ihr Vorhaben möglichst früh den Mitspielern anzuzeigen.

Daß hohes Zuspiel günstiger als eine flache Vorlage ist — *„Höhe ist wichtiger als Richtung!"* — und daß die Fänger den Annehmenden aufmerksam beobachten müssen, um eventuelle Fehler ausgleichen zu können — *„Wer nicht annimmt, muß sichern!"* merken die Spieler meist von selbst.

Die Steigerungsform *„Zwei pritschen"* fördert dieses hohe und genaue Zuspiel und fordert von den Abwehrspielern die Bewältigung einer nun schon viel komplexeren Handlungskette.

Auch bei den Spielformen mit Baggern sollten wir zunächst lediglich auf die richtige Armhaltung und einen günstigen Winkel der Arme zur Flugkurve des Balles hinwirken.

Ob der Bagger jetzt schon, so wie beim Zielspiel, als die einzig mögliche Technik beim ersten Kontakt — *„Jeder vom Gegner kommende Ball wird gebaggert!"* — in den Vordergrund treten und dabei das Pritschen ablösen soll, ist im Einzelfall zu entscheiden. Der Bagger ist später zur Annahme von Aufschlägen und zur Abwehr von Schmetterschlägen unbedingt erforderlich. Er ist aber auch schon vorher nützlich, um schwer erreichbare Bälle zu retten oder den „letzten" Ball aus großer Entfernung ins Gegenfeld zu befördern und so im Spiel zu halten.

Gegen die frühe Einführung des Baggers sprechen jedoch ebenfalls gewichtige Gründe:

— Die Stoffmenge in den Einführungsstunden;
— die Schwierigkeit, sich im Spiel für eine von zwei Techniken entscheiden zu müssen;
— aus Bequemlichkeit ziehen Anfänger den Bagger mit seiner größeren Reichweite unnötig oft dem Pritschen vor;
— das genauere und bewegungsreichere Spiel mit Pritschen wird zurückgedrängt und das Bemühen um ein planmäßiges Zusammenspiel im eigenen Feld erschwert.

E. Pritschen, das obere Abspiel

Das Pritschen, auch beidhändiges oberes Zuspiel, ist das wichtigste Element des Volleyballspiels. Eines der Kunststückchen zu Beginn: „Den Ball aus den Fingern abfedern lassen?" (Seite 24) brachte erste Kontakte mit dieser Technik.

Das Herausschnellen aus elastisch gespannten Fingern — zunächst höchstens einen halben Meter hoch — steht am Anfang, kehrt beim Doppelpritschen wieder und bleibt ein Trainingsschwerpunkt, wenn es um die elegante „Fingertechnik" beim Pritschen geht.

Ein weites Abspiel zum Partner oder ins Gegenfeld ist jedoch Schülern und Anfängern mit diesem Abfedern nicht möglich. Beim frontalen Pritschen müssen Bein- und Armstreckung in einer Ganzkörperbewegung dazukommen. Ehe der komplizierte Bewegungsablauf so harmonisch und elegant wie bei den auf *Abb. 12, 13* und *14* dargestellten Spitzenspielern gelingt, sind viele Einzelheiten zu beachten.

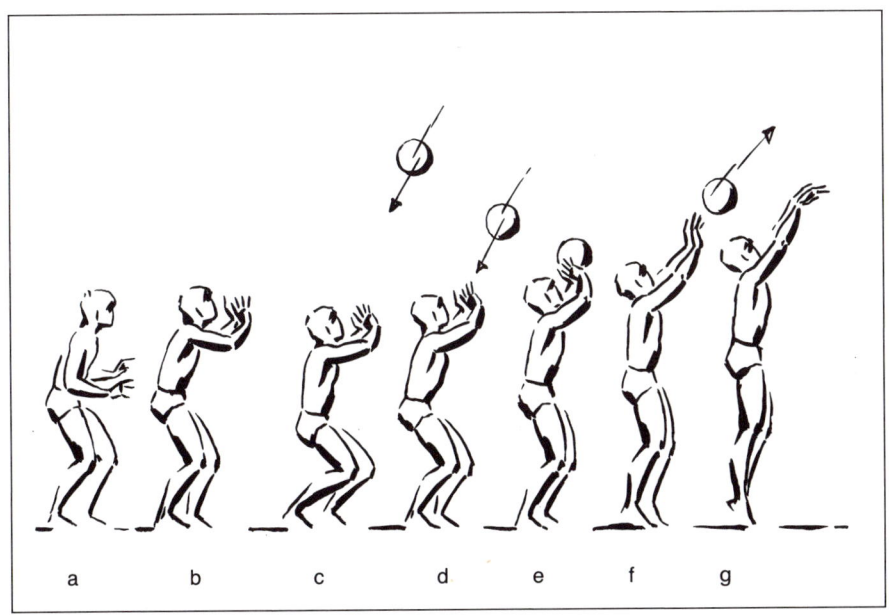

Abb. 12

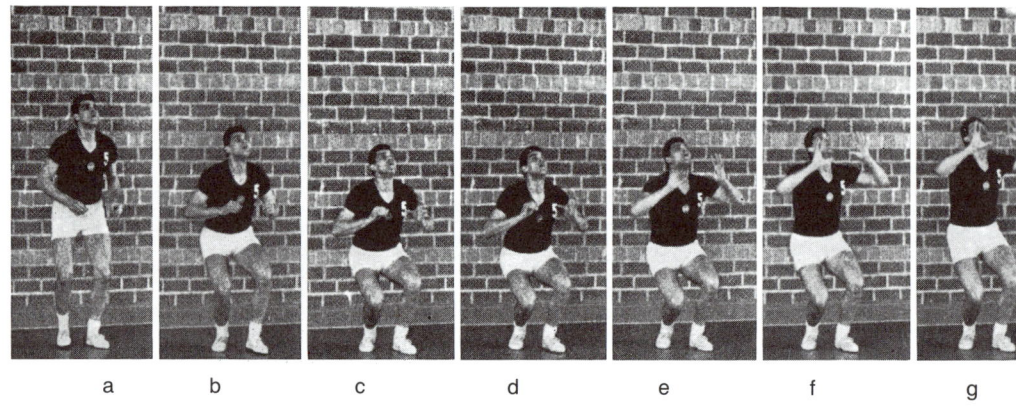

a   b   c   d   e   f   g

Abb. 13

I. Die richtige Technik

1. Die Grobform der Bewegung

a) ***Startbereit den Ball erwarten*** *(Abb. 4 und 12a)*

Knie gebeugt; schulterbreit geöffnete Schrittstellung; Fußballen belastet; Unterarme waagrecht.

b) ***Laufen-Stehen-Pritschen*** *(Abb. 12b; 13a—d)*

Schnell in die richtige Stellung „unter und hinter" den Ball laufen; Hände anheben, Ellbogen in natürlicher und bequemer Entfernung voneinander. Erneut offene Schrittstellung; Körpergewicht sicher und gleichmäßig auf beiden Füßen.

c) ***Vor dem Abspiel tiefgehen*** *(Abb. 12c; 13b—d)*

Die Ausholbewegung — Beugen der Beine — läuft gleichzeitig mit dem Anheben der Arme ab.

d) ***Entscheidende Beinstreckung*** *(Abb. 12d, e; 13e—h)*

Schnelles Strecken der Beine und gleichzeitig auch der Arme gegen den anfliegenden Ball.

e) ***Elastisches Abfedern*** *(Abb. 12e; 13i—l)*

Wenig über Kopfhöhe treffen die Finger gegen den Ball.

f) ***Locker nachgehen*** *(Abb. 12f, g; 13m—o)*

Beine, Rumpf und Arme strecken sich locker hinter dem wegfliegenden Ball her; Hände und Finger sind völlig entspannt.

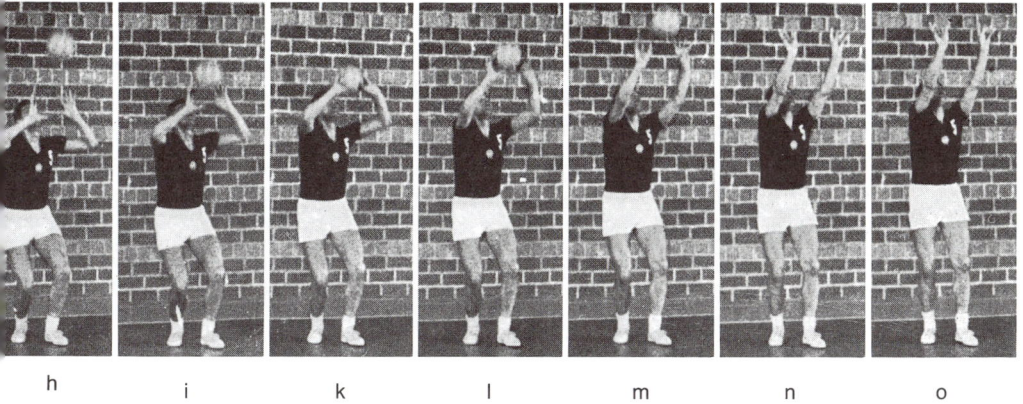

| h | i | k | l | m | n | o |

2. Die Hand- und Fingerstellung

Die Hände bilden eine große, der Ballform angepaßte Trefffläche; es scheint, als ob der Ball aufgefangen werden sollte. Während jedoch beim Fangen die Geschwindigkeit des Balles durch Nachgeben abgebremst und beim anschließenden Wurf wieder allmählich erhöht wird, müssen beim Pritschen diese beiden Vorgänge zu einem einzigen, sehr schnellen Ablauf verschmelzen. Der Ball darf jedoch auch nicht hart, wie von einer Wand, zurückprallen.

Abb. 14

Neben der zweckmäßigen Stellung der Finger und Hände ist deshalb eine starke „Vorspannung" erforderlich, damit der Ball elastisch zurückfedern kann. Sie resultiert zunächst mehr aus einer Spannung der Bänder und Sehnen als aus aktiver, bewußter Muskeltätigkeit, die bei Könnern später deutlich in den Vordergrund rückt.

Die Belastung der Finger beim Auftreffen des Balles erhöht sich durch die seiner Anflugrichtung entgegengesetzte Körperstreckung. Diese stoßartige Streckung besonders der Beine schiebt die Hände schon vorher genau und mehr oder weniger kraftvoll in die Abspielrichtung und sorgt für Genauigkeit und Weite des Zuspiels.

Der überaus schnelle Bewegungsablauf läßt sich nur mit der Zeitlupenkamera aufgliedern und verfolgen: die Einzelbilder von *Abb. 13* liegen $1/70$ Sekunde auseinander; außerdem wird darauf der Ball über eine kurze Entfernung leicht zugespielt.

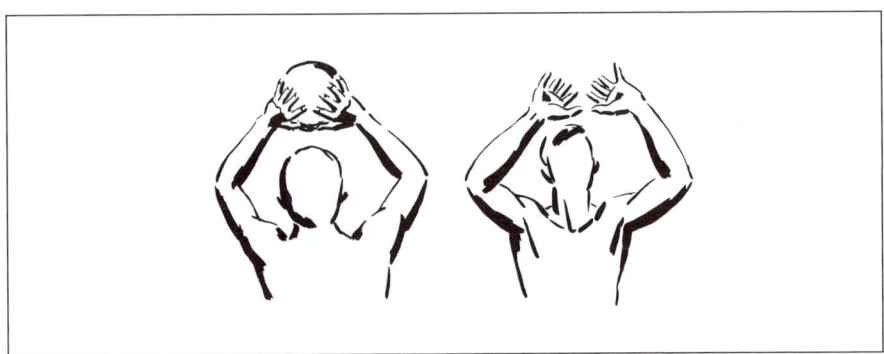

Abb. 15

a) **Hände nach hinten und innen klappen** *(Abb. 14, 15, 16)*
   Der Winkel zwischen Handrücken und Unterarm sollte 90 Grad nahekommen: die Hände „bis zum Anschlag" zurückklappen, die Fingerspitzen beider Hände drehen gegeneinander, ohne daß sich dabei die Ellbogen weit voneinander entfernen.

b) **Finger und Handfläche bilden eine Halbkugel** *(Abb. 14, 15, 16)*
   Finger locker spreizen und in allen Gelenken leicht beugen; beide Daumen zurücknehmen, bis sie mit den übrigen Fingern in einer Ebene liegen.

c) **Zeigefinger und Daumen bilden ein Dreieck** *(Abb. 15)*
   Die natürliche Daumenstellung, opponiert zum Zeigefinger, ist beim Pritschen ungünstig. Die Handflächen dürfen den Ball nicht berühren.

Abb. 16

II. Die häufigsten Fehler

Anfänger neigen zu vier Hauptfehlern:
— *Sie erreichen den Ball zu spät,*
— *sie spielen ihn zu flach ab,*
— *er ruht in ihren Händen,*
— *er wird hart weggeklatscht.*
Dies kann viele Ursachen haben.

1. Falsche Stellung zum Ball beim Abspiel

a) *Ungünstige Startstellung*

Aufrechte Körperhaltung, Knie gestreckt; Schlußstand oder weite Seit-grätschstellung; Arme hängen herab (siehe *Abb. 4*).

b) *Zeitmangel*

Verspätete oder zu langsame Reaktion; kein sicherer Stand beim Abspiel.

c) *Flugkurve des Balles wird falsch eingeschätzt*

Anfänger neigen dazu, den Ball zu unterlaufen.

2. Fehler in der Grobform

a) *Fehlende Beinstreckung*

Der Spieler schiebt oder stößt den Ball allein durch eine großräumige Schubbewegung der Arme von sich weg.

b) *Unterarme schlagen vorwärts*

Die vom Einwurf geläufige Bewegung ergibt sich zwangsläufig, wenn der Spieler den Ball unterläuft und von hinter dem Kopf nach vorne abspielen will *(Abb. 17)*.

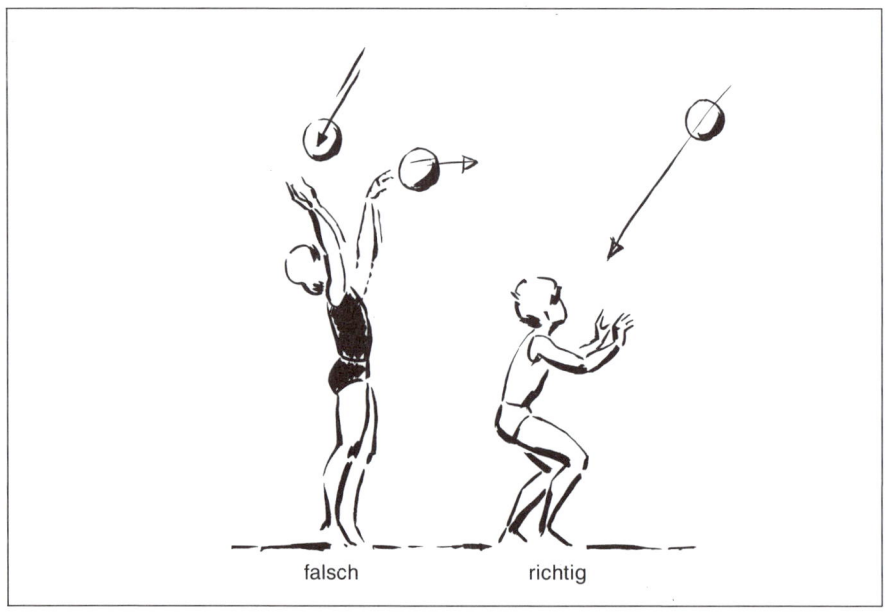

falsch   richtig

Abb. 17

c) *Hände klappen nach vorn*

Statt des kurzen und elastischen Federns im Handgelenk drückt oder schlägt die Hand den Ball flach weg.

3. Falsche Fingerstellung

a) *Daumen vorn (Abb. 18a)*

Sie zeigen, wie beim Ristgriff am Reck, dem Ball entgegen.

b) *Flache Trefffläche (Abb. 18b)*

Die Finger sind völlig gestreckt, so daß die Handflächen gegen den Ball klatschen oder dieser nach hinten abrutscht.

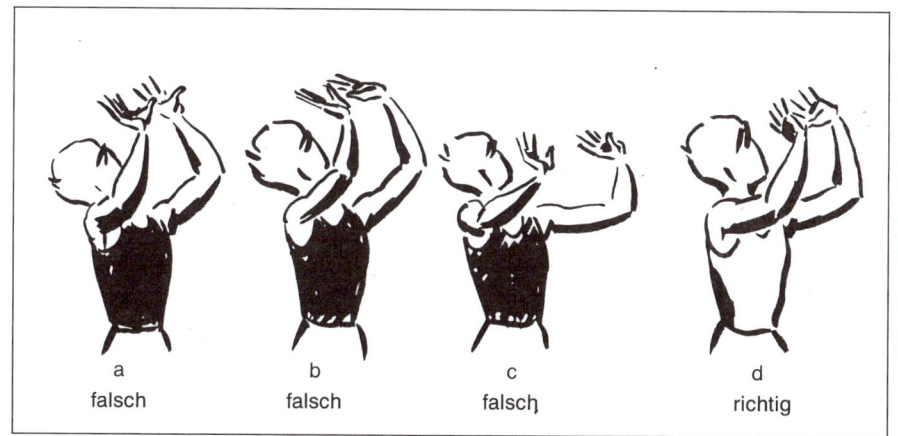

a	b	c	d
falsch	falsch	falsch	richtig

Abb. 18

c) *Falsche Handstellung*

Finger und Hände liegen zu eng aneinander, manchmal auch zu weit voneinander entfernt. Oft ist dies durch zu eng *(Abb. 18b)* oder zu weit *(Abb. 18c)* gehaltene Ellbogen bedingt.

Die meisten Fehler sind leicht zu erkennen und durch Bewegungsaufgaben oder -vorschriften zu beseitigen.

Ganz besonders aufmerksam achten wir von Anfang an auf das Abfedern mit der richtigen Fingerstellung — besonders des Daumens — und auf die richtige Handhaltung. Wer nachlässig die auf *Abb. 18a* dargestellte Fingerstellung beibehält, wird sich ganz sicher eine Stauchung des Daumengrundgelenkes zuziehen. Aus Angst vor einer erneuten Verletzung pritschen solche Spieler meist noch sehr lange unsicher und unsauber. Die Fingertechnik von Spitzenspielern ist für Anfänger nur selten vorbildhaft und nachahmbar. Ebenso sorgfältig sollten wir auf eine kurze, knappe aber dennoch geschmeidige Beinstreckung und die eher engrahmige Streckung der Arme (von $1/2$ bis $3/4$) achten.

III. Lernhilfen für „Hohes Abspiel"

Immer wieder hemmt das flache Zuspiel einiger Schüler jeden Fortschritt (ungünstige Handhaltung, unelastische Fingertechnik, falsche Stellung zum Ball).

Beim Paß ins Gegenfeld ist dies zwar wirksamer, in der Regel spielen Anfänger aber auch im eigenen Feld viel zu flach ab. Sie stellen den Partner dadurch vor unlösbare Aufgaben und beschleunigen das ohnedies sehr schnelle Spielgeschehen. Die überhohe Leine beim Spiel (2,5 m und mehr) — „Hoch zum Gegner führt zu hohen Pässen beim Abspiel!" — ist keine Dauerlösung.

Die folgenden Übungen und das Spiel sollen speziell die Streckbewegung beim frontalen Pritschen schulen und für steiles und hohes Abspiel sorgen. Damit dies ohne viel Kraftaufwand — besonders mit den Fingern — möglich ist, dürfen die Spieler den Ball beinahe aus einer Ruhelage (z. B. niedriges Anwerfen) wegpritschen. Aus großer Entfernung anfliegende Bälle hoch abzuspielen würde schwächere Schüler überfordern und sie zum Zurückschlagen oder Wegklatschen zwingen.

1. Zielpritschen

Zielpritschen auf Körbe ist für die Schüler ein netter Wettbewerb, gleichzeitig aber auch eine methodisch sehr ergiebige Übungsform. Erfolg oder Mißerfolg jedes Versuchs sind offensichtlich und lenken unmerklich zur richtigen Technik hin. Die optimale Zuspielhöhe ergibt sich von selbst, wenn nur die Ziele hoch genug angebracht sind.

Abb. 19

a) Geräte und Aufstellung

Jeder hat einen Ball, und alle üben gleichzeitig. Rings um den Korbballständer können etwa 10 Schüler *(Abb. 19)*, im Halbkreis um das Basketballbrett sechs bis acht Schüler gleichzeitig üben, ohne sich nennenswert zu behindern. Sind die Gruppen kleiner, die Aufgaben schwieriger oder fehlen Bälle, so lassen wir einzeln nacheinander parallel zur Wand *(Abb. 20)* oder zum Netz *(Abb. 21)* üben. Den Abstand zum Ziel dürfen die Schüler selbst wählen, oder er wird für alle gleich in einer günstigen Entfernung markiert.

Abb. 20

Abb. 21

Die Korbballständer (2,5 m) eignen sich für 9- bis 11jährige, die Basketballkörbe (3,05 m) für ältere Schüler besonders gut. Als Ersatz oder beim Stationenbetrieb zusätzlich, dienen horizontal an der Sprossenwand befestigte Gymnastikreifen oder bestimmte Felder der Gitterleiter. Auch die „Fenster" zwischen den Seilen der Schaukelringe oder zwischen zwei Kletterstangen bieten gute Ziele; als untere Begrenzung legen wir einen Stab (Hochsprunglatte) in die Ringe und zurren das Ganze nach unten fest *(Abb. 22)* oder binden ein Springseil von Stange zu Stange.

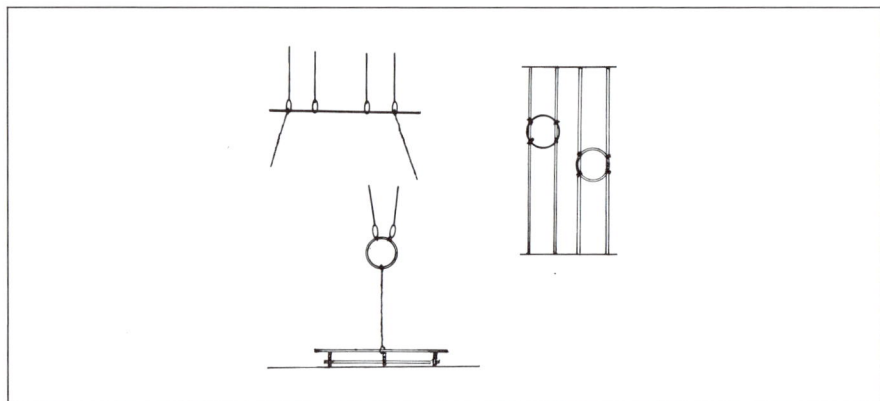

Abb. 22

b) *Wertung*

— *„Ihr habt an jedem Korb drei Versuche; wer erzielt mehr als sechs Treffer?"*
— *„Welche Gruppe erzielt an ihrem Korb zuerst zehn Treffer?"*
— *„Wer erreicht in drei Minuten die meisten Treffer?"* Nach jedem Versuch am nächsten Korb weitermachen.
— *„Wer hat zuerst in alle Körbe getroffen?"*

Die Schüler können zunächst in aller Ruhe üben. Erst bei den letzten beiden Aufgaben kommt eine stärkere Belastung durch die Läufe von Korb zu Korb dazu.

c) *Vom Werfen zum Pritschen*

Zum Eingewöhnen werfen wir wie Basketballer: *„Haltet den Ball mit beiden Händen vor dem Gesicht und werft in hohem Bogen in den Korb!"*
Folgende Bewegungsmerkmale, die auch beim Pritschen gelten, sind dabei zu beachten:

— *„Der Ball berührt vor dem Wurf die Stirn!"*
— *„Kniebeuge vor dem Wurf!"*
— *„In Wurfrichtung strecken!"* (Abb. 20, 23)

— „Weich strecken und dabei werfen!"
— „Stirn — tief — und hoch!"
— „Nicht Einwurf (wie beim Fußball), *sondern steiler Druckwurf!*"

d) „Nach eigenem Anwerfen in den Korb pritschen!"

Den Ball mit beiden Händen von unten senkrecht und nur wenig über Kopfhöhe anwerfen und dann steil in den Korb pritschen *(Abb. 23)*. Die günstigste Höhe beim Anwerfen und den erfolgversprechendsten Abstand vom Ziel sollen die Schüler selbst finden. Die wichtigsten Bewegungsvorschriften für das Pritschen sind:

Abb. 23

— *„Tiefgehen und zügig strecken!"*
— *„Handrücken zeigen zur Stirn!"* (oder *„Handflächen zeigen zur Decke!"*)
— *„Hände zurück und nach innen klappen!"* (oder *„Hände bis zum Anschlag zurück!"*).
— *„Zeigefinger und Daumen bilden ein Dreieck!"* (oder *„Sie bilden ein doppeltes V!"* oder *„Finger und Hände zur Halbkugel wölben!"*)
— *„Daumen zurücknehmen!"* (*„Sie sollen eher zur Nase als zum Ball zeigen!"*)

— „Den Ball leise abfedern lassen!" („Nicht schlagen oder schieben, auch nicht mit der Handfläche wegklatschen!" oder „Der Ball spannt Stahlfedern!")

e) „Schnell in Stellung laufen und dann pritschen!"

Das bequeme beidhändige Anwerfen wird nun durch immer schwierigeres Hochspielen ersetzt. Der Ball fliegt dann ungenauer, springt häufig in eine unerwartete Richtung ab. Die Schüler müssen vor dem Pritschen schnell in die richtige Stellung zum Ball laufen und können nicht mehr gleichzeitig den Ball und das Ziel beobachten und sich auf beides konzentrieren.

— „Werft den Ball steil auf den Boden (Aufprellen), und erst dann wird er aus der Luft in den Korb gepritscht!" (Abb. 24).
— „Schlagt ihn mit dem Unterarm in die Höhe!"
— „Schlagt ihn mit der offenen Hand auf den Boden!"
— „Pritscht ihn zweimal senkrecht in die Höhe und dann erst in den Korb!"

Dann, noch schwieriger, prellt der Partner den Ball steil auf. Der Übende muß vorlaufen, abstoppen und aus dem sicheren Stand in den Korb pritschen. Danach soll er selbst aufprellen (Abb. 25).

Abb. 24

42

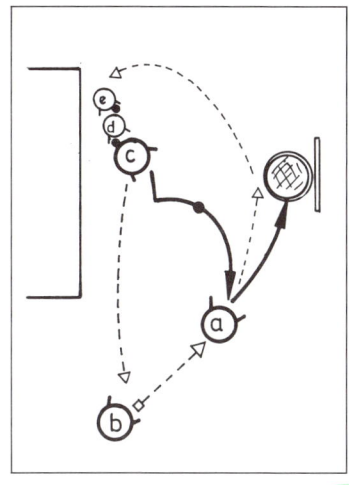

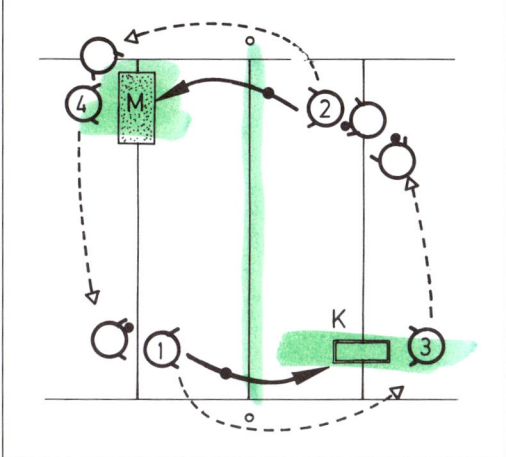

Abb. 25 Abb. 26

f) *Über das Netz pritschen* (Abb. 26)

Der Ball wird etwa von der Angriffslinie über das Netz in den offenen Langkasten (K) und dann von der anderen Seite auf die Blaumatte (M) gepritscht. Auch hier beginnen alle mit eigenem Anwerfen, üben dann mit Aufprellen und schließlich mit Zuwerfen durch einen Partner.

IV. Volleyballtennis

Treten einzelne gegeneinander an *(Abb. 27),* so kann dieses Spiel schon früher, z. B. gleich nach *Ball über die Schnur* angeboten werden, schult dann in erster Linie die Bein- und Körperstreckung beim Pritschen und erzieht zu hohem und steilem Abspiel.

Einen Platz hinter oder neben *Volleyball mit Doppelspiel* verdient Volleyballtennis jedoch, wenn Zweier- oder Dreiermannschaften spielen, weil dabei Angriffsaufbau und Angriff völlig dem Zielspiel gleichen.

1. Spielgedanke

Der vom Gegner kommende Ball muß zunächst im eigenen Feld aufspringen und wird dann direkt gepritscht. Beim Einzelspiel geht also der erste Paß über die Leine ins gegnerische Feld. Spielen zwei oder drei Spieler in jeder Mannschaft, so ist dies verboten und mindestens ein Abspiel im eigenen Feld verlangt: der Abwehrspieler läßt den Ball aufspringen und pritscht

43

Abb. 27

zum Partner; dieser greift direkt an oder gibt nochmals ab — jetzt ohne den Ball vorher aufspringen zu lassen — und überläßt den Angriff dem dritten (oder wieder dem ersten) Mitspieler.

2. Spielregeln

Die Leine muß besonders hoch hängen (2,5—3 m), das Spielfeld kurz (3 m) und der Ball prall aufgepumpt sein. Die Begrenzungslinien gehören zum Spielfeld. Der Ball wird durch Pritschen ins Spiel gebracht. Zählweise, eventuell sogar schon Rotation nach offiziellen Regeln.

3. Taktische Grundregeln

— *„Hohe Diagonalpässe vor den Partner!"*
— *„Den Partner beobachten; mit einem ungenauen Zuspiel rechnen!"*
— *„Beim Angriff den Gegner sehen!"* (d. h. etwa frontal zur Leine stehen).

V. Lernhilfen für eine elegante Fingertechnik

Ein vom Partner zugespielter Ball kommt wuchtiger, ungenauer und flacher angeflogen als der eigenhändig angeworfene; außerdem soll er jetzt in die Gegenrichtung zurückgepritscht werden. Den Schülern fehlt bei dem schnellen Hin und Her die Zeit, sich auf das Abspiel vorzubereiten. Außerdem können viele zehnjährige Jungen und noch mehr Mädchen diese Aufgabe mangels Fingerkraft nicht regelgemäß bewältigen. Mit leichteren und größeren Bällen könnte die Flugzeit verlängert werden, doch sprechen viele Gründe gegen diese Erleichterung und für geeignete Übungsreihen mit dem normalen Ball. Beim Doppelpritschen darf der anfliegende Ball zunächst aus den Fingern in eine geringe Höhe abfedern, wird also abgebremst. Erst bei der zweiten Berührung, jetzt mit einer Bein- und Armstreckung verbunden, erhält er die Beschleunigung in die neue entgegengesetzte Richtung.

Der Kraftaufwand bleibt gering; die Schüler können auf technische Feinheiten achten. Der Partner hat mehr Zeit und kann sich auf das Rückspiel vorbereiten. Die Gefahr einer Gewöhnung an das im Wettkampf verbotene Doppelspiel ist unerheblich, die Umstellung zur einmaligen Berührung ergibt sich später ganz von selbst.

Völlig problemlos gelingt mit diesem Doppelpritschen später auch die Einführung des Abspiels im Winkel zur Anflugrichtung (Abschnitt G).

1. Geräte und Aufstellung

Aufstellung paarweise; Abstand der Partner höchstens vier Meter. Abstände zwischen den Paaren möglichst groß; alle spielen in derselben Richtung, am besten parallel zu den Schmalseiten der Halle. Zunächst ohne Leine, später mit Längsleine in 2,5 m Höhe (Aufbau nach Abschnitt Q.I.). Jedes Paar hat einen Ball; für die Übungen 2. und 3. ist der Basketball oder ein leichter Medizinball dem Volleyball vorzuziehen.

2. Über der Stirn auffangen *(Abb. 5)*

„Fangt den Ball genau vor der Stirn und werft ihn sofort zurück!" Der Fänger hält die Hände über und vor der Stirn und läuft so in die Flugkurve des Balles, daß dieser genau in dem „Korb" der Hände auftrifft.
— *„Die Körperachse in die Flugkurve des Balles bringen!"*
— *„Der Ball soll genau in den Händen auftreffen!"*

3. Absichtlich ungenau zuwerfen

„Gelingt das richtige Auffangen auch dann, wenn der Partner absichtlich ungenau zuwirft?"
Sein Wurf kann abwechselnd links oder rechts neben den Partner, vor ihn oder über ihn hinweg gehen, muß aber immer ein hoher Bogenwurf bleiben.
- *„Startbereit den Ball erwarten!"* (oder *„Aufmerksam und auf ‚Druckpunkt' auf den Ball lauern!"*)
- *„Knie gebeugt und Absätze entlastet!"*
- *„Offene Schrittstellung!"* (oder *„Einen Fuß schräg vor!"*)
- *„Hände in Brusthöhe!"*

Aus drei Gründen eignen sich Basketbälle oder ebensogroße Medizinbälle für diese Übungen besonders gut: ihr Gewicht zwingt zur angestrebten Beinstreckung, denn die Armkraft reicht für einen hohen Wurf nicht aus; die richtige Fingerstellung (Daumen zurück) ergibt sich beim größeren und schwereren Ball von selbst und schließlich, das Abbremsen und Zurückschieben des Balles wird nicht mit der elastischen Fingertechnik des Pritschens assoziiert. Alle folgenden Übungen gelingen den Anfängern jedoch nur mit leichten Bällen.

4. Vor dem Auffangen abfedern lassen

Der Fänger läuft schnell in Stellung und läßt den Volleyball aus seinen elastisch gespannten Fingern (Pritschhaltung *Abb. 15* und *16)* etwa $1/2$ m hoch abfedern, fängt dann erst auf und wirft zurück.
- *„Der Ball spannt die Finger!"* (oder *„Den Ball elastisch abfedern lassen!"*)
- *„Leise pritschen, aber nicht schieben!"*
- *„Schnell pritschen, aber nicht schlagen!"* (*„Die Handflächen dürfen den Ball nicht berühren!"*)

5. Doppelpritschen *(Abb. 28)*

Mit diesem Doppelpritschen ist eine wichtige Zwischenphase der Ausbildung erreicht, die keinesfalls übergangen werden sollte. Der anfliegende Ball darf dabei zunächst aus den Fingern in eine geringe Höhe abspringen und wird erst dann zurückgepritscht.

Abb. 28

a) *Einer wirft, der andere Doppelpritschen!*

„Wer kann den Ball abfedern lassen und dann aus der Luft zum Partner pritschen?" (Abb. 28)
— „Dem Partner zuliebe: hoch abspielen!"
— „Möglichst vor den Partner pritschen!"
— „Ausholen (Tiefgehen) und Strecken sind eine Einheit!"

b) *Beide mit Doppelpritschen!*

Jeder läßt den anfliegenden Ball aus den Fingern abfedern und pritscht ihn aus der Luft zum Partner.

c) *Nur einer Doppelpritschen!*

Der eine Partner wendet nur das Doppelspiel an, läßt also den Ball aus den Fingern hochfedern und pritscht dann zurück. Vom anderen verlangen wir immer schwierigere Zuspielarten:
— Einfaches Zuwerfen (siehe a);
— Kopfstoß;
— Schlag mit dem Unterarm;
— Zuspiel mit dem Oberschenkel;
— Zuspiel mit dem Fuß (Innenseite, Spann);
— Schlag mit der offenen Hand als Aufsetzer.

Die geschicktesten Zuspieler können bald versuchen, günstig anfliegende Bälle direkt zu nehmen, also ohne Auffangen und Anwerfen.
— *„Welches Paar schafft den längsten Ballwechsel?"*
— *„Welches Paar erreicht im direkten Anspiel, also ohne Auffangen eine Sechserserie?"*

d) *„Einer doppelt, der andere pritscht direkt!"*
Durch das Doppelspiel lassen sich Ungenauigkeiten des direkten Pritschens ausgleichen; der Partner kann sein Rückspiel vorbereiten.

6. Doppelpritschen mit Konditionsarbeit

Bald gelingt das Doppelspiel bei den meisten Paaren recht gut und wir könnten zum direkten Pritschen auf kurze Entfernung übergehen. Meist ist es jedoch angebrachter, beim Doppelspiel zu bleiben und die Fingertechnik zu automatisieren. Durch Sonderaufgaben erhalten wir das Interesse der Schüler, verbessern ihre Geschicklichkeit und Kondition und erschweren das „In-Stellung-Laufen".

Nach dem Doppelspiel und ehe der Ball wieder angeflogen kommt, sind immer schwierigere Aufgaben zu lösen:

— Mit beiden Händen den Boden berühren,
— Hinsetzen,
— Ganze Drehung (abwechselnd links und rechts),
— Tiefe Hocke und Strecksprung,
— Zu einer Markierung (Wand, Seitenlinie) laufen *(Abb. 29)*,
— Zu einer Markierung hüpfen (links, rechts, Hopserlauf, Schlußsprünge),
— In den Liegestütz vorlings fallen.

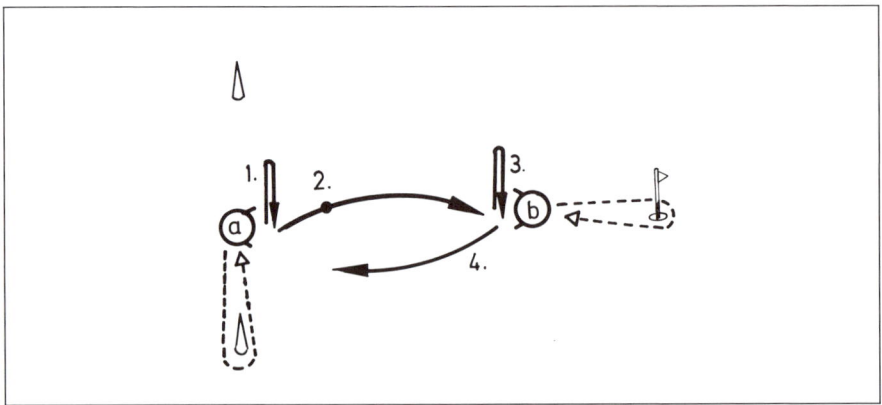

Abb. 29

7. Pritschen im Grätschsitz *(Abb. 30)*

Der Ball fällt von oben auf den Sitzenden. Dieser muß steil zurückpritschen, damit der ganz nahe, am besten zwischen seinen Füßen stehende Partner, den Ball auffangen und erneut herabfallen lassen kann.

Nach einigen Versuchen fängt der Stehende nicht mehr auf, sondern lenkt den Ball mit der flachen Hand zum Sitzenden.

Die Übung wird schwieriger, wenn der Sitzende das Doppelspiel anwenden muß; sie wird anstrengend, wenn jeder nach dem dritten Zuspiel die Aufgabe des anderen übernimmt.

Abb. 30

8. Doppelspiel mit Baggern

Wie zu Beginn bei den Geschicklichkeitsübungen kann auch beim Doppelspiel der Bagger seinen Platz im Trainingsprogramm erhalten. Nahezu alle Übungen dieses Abschnitts lassen sich zum „Bagger-pritschen" umwandeln.

Der anfliegende Ball soll dabei von den gestreckten Armen senkrecht hochprallen (siehe S. 53) und wird dann — jetzt absichtlich flacher als bisher — zum Partner gepritscht. Die Anforderungen steigen dadurch erheblich und stellen auch für die Besten eine echte Herausforderung dar.

VI. Volleyball mit Doppelspiel

Um den Übergang von *Volleyball mit Auffangen* zum Spiel mit der regulären einmaligen Ballberührung zu erleichtern und um wichtige technische und taktische Elemente vorbereiten zu können, ist die Umleitung über *Volleyball mit Doppelspiel* in vielen Fällen nützlich oder sogar erforderlich.

Mühelos und ohne besondere Anweisungen ergibt sich dabei das Abspiel in einem Winkel zur Anflugrichtung des Balles; die Schüler pritschen den anfliegenden Ball zunächst 1—2 m senkrecht in die Höhe und erst in der zweiten Berührung, meist nach einer Körperdrehung, zum Partner oder über die Leine zum Gegner *(Abb. 31)*.

Der Spielverlauf verlangsamt sich beträchtlich; taktische Grundregeln für Abspiel, Stellungsspiel und die Bewegungen auf dem Spielfeld lassen sich leicht erarbeiten. Allerdings wirkt das Spiel dadurch — wenigstens auf die besten Spieler der Klasse — bald langweilig, und wir sollten schnell in den guten Spielgruppen die erste Sonderregel (3a oder b) einführen.

Abb. 31

1. Spielregeln

Felder 3 bis 6 m breit und 3 bis 5 m lang; zwei oder drei Schüler bilden eine Mannschaft. Leinenhöhe 2,5 m. Volleyball.

a) Abgeben ist Pflicht, erst der zweite Spieler darf den Ball zurückpritschen.

b) Einzige Zuspielart ist das Doppelpritschen; Fangen und Werfen sind Fehler, ebenso direktes Pritschen zum Partner oder zum Gegner.

c) Weitere Fehler: der Ball berührt den Boden oder die Leine; ein Spieler betritt das Feld des Gegners (Überschreiten der Mittellinie), oder er berührt die Leine.

d) Der Anwurf zu Beginn des Spiels und nach jedem Fehler des Gegners erfolgt wahlweise hinter der Endlinie durch einen beidhändigen Wurf von unten oder aus der Feldmitte durch Pritschen.

e) Wer 15 Punkte erreicht hat und dabei mindestens zwei Punkte mehr als der Gegner, ist Sieger.

f) Die Pritschtechnik kann jetzt kritischer beurteilt werden als bei „Volleyball mit Auffangen". Neben Schöpfen gelten jetzt auch langsames Wegschieben und lautes Wegklatschen als Fehler.

2. Taktische Grundregeln

a) „Hohes Abspiel!" — der Ball kommt schnell genug wieder herab!

b) „Besser vor den Partner spielen als über ihn hinweg!"

c) „Spielt den Ball schräg nach vorne und nie zu nahe an die Leine!"

d) „Aufmerksam den Ball beobachten, sobald und solange er im Spiel ist!" „Immer frontal zum Ball stehen!"

e) „Wer das Zuspiel des Partners erwartet, darf nicht zu nahe an der Leine stehen!" Also schnell zurückgehen, damit dieser zwischen Leine und Partner spielen kann!

3. Sonderregeln

a) Der vom Gegner kommende Ball muß im Doppelspiel abgegeben werden, der folgende Paß des Partners über die Leine erfolgt dagegen im direkten Pritschen (einmalige Ballberührung). Nicht zu empfehlen ist eine Regelung, bei der leicht anzunehmende Bälle direkt, alle anderen im Doppelspiel abzugeben sind, denn sie führt zu Zusammenstößen und Mißverständnissen.

b) Die Umkehrung dieser Regel — Annehmen des vom Gegner kommenden Balles durch direktes Pritschen und Doppelspiel beim Paß ins Gegnerfeld — ist sehr viel schwieriger und höchstens für die Besten geeignet.

Mit diesen beiden Regeländerungen und einem größeren Spielfeld kann der Bagger ins Spiel kommen; entweder als Alternative zum Pritschen oder — dies fällt den Spielern meist leichter — als ausschließliche Technik bei der Annahme und Abwehr aller vom Gegner kommenden Bälle.

F. Bagger — Abspiel von unten

Die Vorliebe von Anfängern für das untere Zuspiel zeigt sich besonders deutlich bei Gruppen, die ohne Anleitung Volleyball erlernten; wir untersagten zunächst das Schöpfen und rückten das Pritschen in den Vordergrund:

Das Baggern ist bequemer als das Pritschen; man erreicht schwierige Bälle und kann sie mühelos auch dann noch spielen, wenn sie schon sehr tief sind oder seitlich vorbeifliegen. Der Bagger ist außerdem die viel sicherere Technik bei der Annahme und Abwehr harter Aufschläge und Schmetterbälle des Gegners, weil selbst eindeutige Doppelkontakte dabei nicht als Fehler gelten. Erlauben und fördern wir das Baggern von Anfang an, so entsteht sehr schnell ein munteres Spielgeschehen und ein turbulentes Hin und Her über das Netz. Die Entwicklung zum geordneten Mannschaftsspiel dauert jedoch sehr lange. Sie gelingt mit anderen Hilfen und Erleichterungen (kleines Feld, hohes Netz, verminderte Spielerzahl, leichte Aufschläge usw.) und einem Zurückdrängen des unteren Zuspiels wesentlich besser.

Ein methodisch günstiger Zeitpunkt für seine Einführung ist jedoch spätestens dann erreicht, wenn sich die Spieler bei jedem hohen Ball spontan bemühen, zum Pritschen ,,unter den Ball" zu kommen und automatisch in Stellung laufen. Im Spiel dagegen wäre der Bagger eigentlich erst dann erforderlich, wenn harte und flache Aufschläge anzunehmen und Schmetterschläge abzuwehren sind.

I. Die richtige Technik

Der Bagger wandelte sich in den letzten Jahrzehnten mehr als jede andere Technik im Volleyball. Bis etwa 1960 noch unbekannt, dann ein Schlag mit den Handballen beider Hände, ist er heute eine eher passive Abwehrtechnik, bei der man den Ball von den aneinandergelegten Unterarmen abprallen läßt.

1. Bereitschaftshaltung

Wie beim Pritschen: schulterbreit geöffnete Schrittstellung, geduckte Körperhaltung und zur Waagerechten angehobene Unterarme *(Abb. 32a).*

2. In Stellung laufen

So zum Ball laufen, daß er in Beckenhöhe und genau vor dem Körper ge-spielt werden kann.

3. Tief ausholen

Knie beugen, tiefe Grätschstellung oder breite Schrittstellung *(Abb. 32* und *34)*; Rumpf gerade, Ellbogen in Kniehöhe *(Abb. 34 b, c)*.

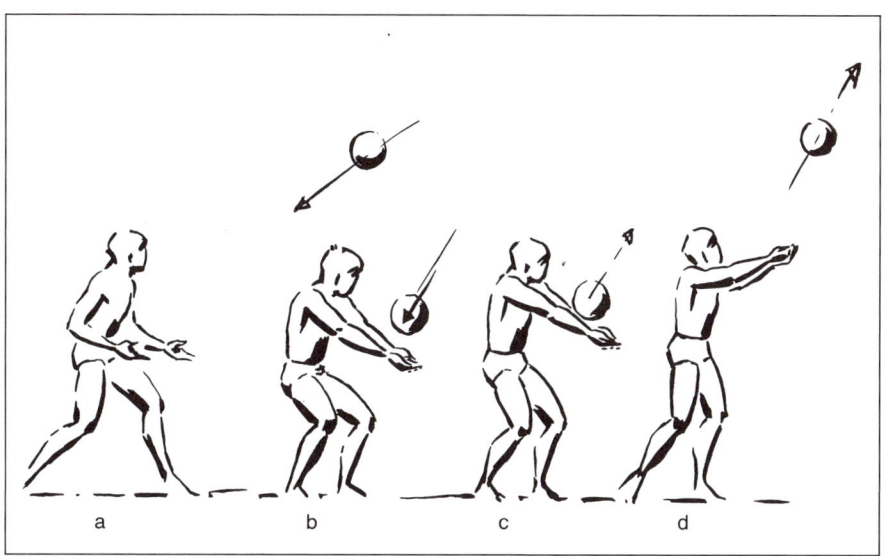

Abb. 32

4. Hände zusammen und Arme strecken

Unterarme dicht aneinanderlegen, Ellbogen völlig durchdrücken; die eine Hand liegt in der anderen *(Abb. 33a)* oder beide Daumen sind oben, und die Finger einer Hand umschließen die der anderen *(Abb. 33b)*. Wer auf diese Weise die Unterarme nicht dicht genug zusammenbringt, sollte lediglich die Handgelenke aneinanderdrücken und die Hände schräg nach unten abspreizen; wichtig sind nicht die Hände, sondern die Unterarme.

5. Der Körper streckt sich dem Ball entgegen

Aus der Beugestellung heben sich der Körper und die im Schultergelenk dre-henden Arme gegen den anfliegenden Ball. Der Oberkörper bleibt gerade und aufrecht, die Arme sind vollkommen gestreckt *Abb. 32c* und *34d, e);*

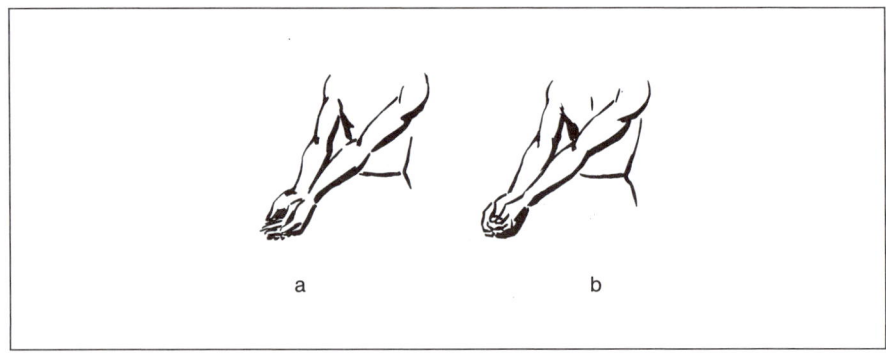

Abb. 33

jedes Abbeugen verändert die Stellung der Trefffläche und führt häufig zu einem Abprallen des Balles an den Körper oder Kopf des Spielers. Die Streckung unterbleibt, wird sogar zu einem entgegengesetzt gerichteten Nachgeben, wenn der Ball härter ankommt.

6. Mit den Unterarmen spielen

Der Ball trifft gleichzeitig auf beide Unterarme und springt von dort zurück. Die Armbewegung ähnelt mehr einem Hochheben oder Wegschieben als einem harten Wegschlagen *(Abb. 32d* und *34e, f)*.

7. In der Bewegungsrichtung nachgehen

Das tiefe Ausholen, der frühe Beginn der Körperstreckung und dann das weite Nachgehen, kurz, der lange und genau gerichtete Weg der Arme vergrößert die Abspielgenauigkeit *(Abb. 32e* und *34h, i)*.

Abb. 34

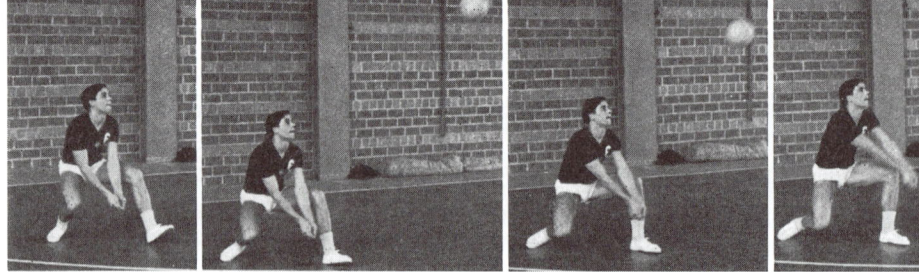

a   b   c   d

II. Die häufigsten Fehler

a) Den Ball mit weitem Armschwung hochschlagen.
b) Arme im Ellbogen beugen; Unterarme zu weit voneinander entfernt. Oberkörper vorgeneigt, runder Rücken.
c) Arme schon in der Bereitschaftshaltung aneinandergelegt.
d) Start aus aufrechter Körperhaltung mit hängenden Armen, aus dem Schlußstand oder aus breiter Seitgrätschstellung.

Die Unterarme zum Schlag dicht aneinanderzulegen, gelingt meist erst nach vielen Versuchen. Sollte es einem Schüler aus anatomischen Gründen sehr schwerfallen, so sollte er es zunächst mit dem Abspreizen der Hände versuchen und sich keinesfalls einen Schlag mit den weniger gut „gepolsterten" Handgelenken oder Händen angewöhnen.

III. Übungsformen

Wer leicht zugeworfene Bälle zurückbaggern muß, wird zum schwunghaften Schlag mit beiden Armen verleitet; wer bei hoch zugeworfenen Bällen, bei denen Pritschen angebracht wäre, einige Schritte zurückgehen muß, um baggern zu können, wird zu taktisch falschem Verhalten erzogen. Es muß deshalb zwar zunächst die Grobform der Haltung und Bewegung einigermaßen bekannt sein und gelingen; dann aber sollte der Bagger sobald wie möglich als Annahme- oder Abwehraktion bei hart und flach anfliegenden Bällen trainiert und in Komplexübungen zusammen mit Schlagwürfen, Aufschlägen oder Schmetterschlägen gefordert werden.

1. Schlagwürfe abprallen lassen

Der Partner wirft aus etwa 6 m Entfernung geradlinige Schlagwürfe in Hüfthöhe. Der Abwehrspieler soll den Ball mitten von den Unterarmen in die Höhe abprallen lassen, selbst auffangen und ebenso zurückwerfen.

e   f   g   h   i

— „Vor der Abwehr Arme auseinander und Hände nach vorn!"
— „Unterarme dicht aneinanderlegen!"
— „Ellbogen strecken und die Schultern weit vorschieben!"
— „Beine beugen, damit der Oberkörper aufrecht bleibt!"
— „Nicht gegen den Ball schlagen, sondern abspringen lassen oder sogar nachgeben!"
— „Bei weich anfliegenden Bällen durch Beinstreckung die Unterarme gegen den Ball schieben!"

2. Zum Netzspieler baggern

Drei oder vier Paare üben gemäß *Abb. 35* nebeneinander in jedem Feld. Der Netzspieler wirft (Schlagwurf oder beidhändiger Wurf von oben), der Grundspieler muß hoch zurückbaggern. Er soll nach jeder Abwehraktion zwei oder drei Schritte zurückgehen und danach in einer abwartenden Vorwärtsbewegung „in den Wurf hineingehen".

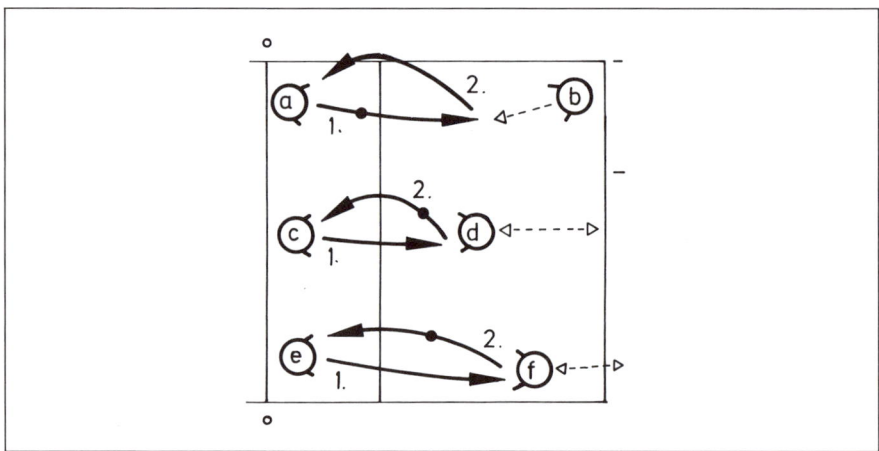

Abb. 35

3. Mit Bodenturnen *(Abb. 36)*

Gleichviele Abwehrspieler beginnen in jeder Spielfeldecke. Sie müssen zunächst auf einer Blaumatte eine Bodenübung ausführen und dann sofort den anfliegenden Ball abwehren: Bei A ist eine Rolle vorwärts verlangt, bei B eine Judorolle; auf der Station C springen die Spieler eine Flugrolle über den Kleinkasten, und bei D kriechen sie durch einen Kasteneinsatz. Die Werfer (a bis d) stimmen das Zuwerfen auf die Fähigkeiten jedes Abwehrspielers ab.

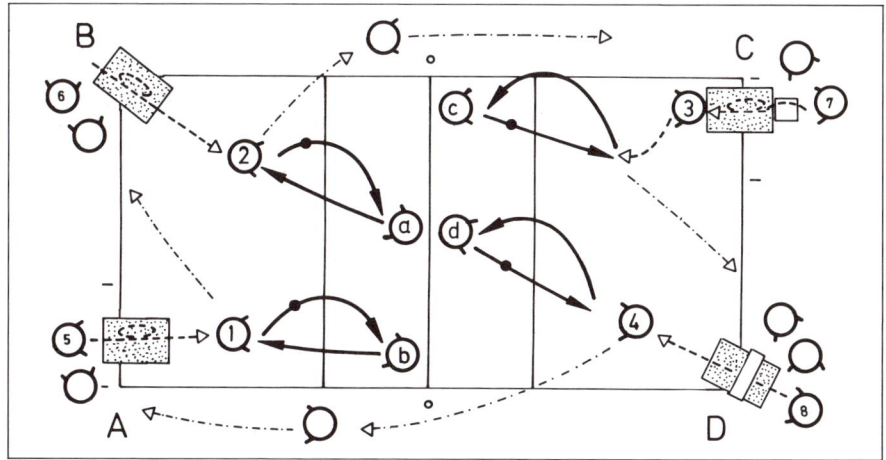

Abb. 36

4. Angriffe abwehren *(Abb. 37)*

Sofort nach einem Slalomlauf um Markierungshüte oder Stangen ist der vom Trainer (T) oder einem geeigneten Spieler geworfene oder gelobbte Ball (1.) abzuwehren und möglichst genau zum Steller (s) zu baggern (2.). Der Angreifer steht erhöht, dicht am Netz im Gegenfeld. Wer abgewehrt hat, bringt dem Angreifer einen Ball, ehe er sich zum nächsten Durchgang anstellt. Der zweite Spieler startet kurz vor der Abwehraktion seines „Vordermannes".

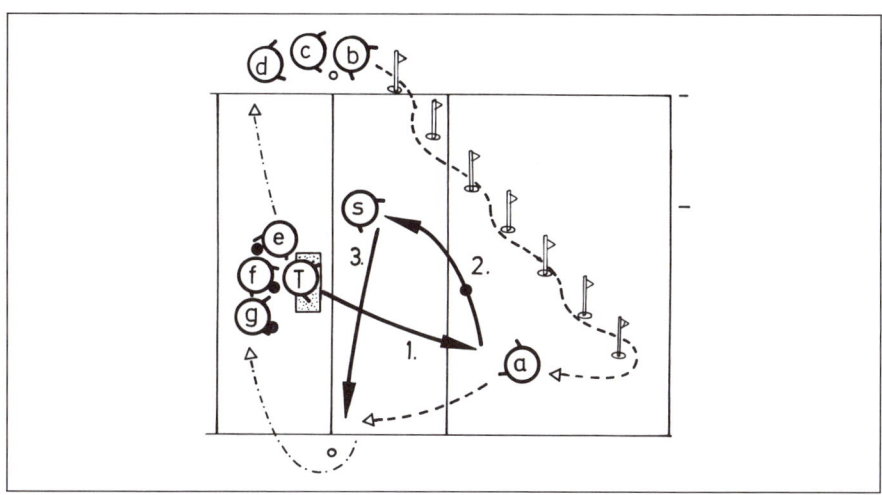

Abb. 37

G. Pritschen und Baggern verbessern

Diese beiden technischen Grundelemente müssen durch häufiges Üben verbessert, gefestigt und in immer schwierigeren Situationen und unter Wettkampfbedingungen angewandt werden. Dabei sollte das Abspiel im Winkel allmählich in den Vordergrund treten.

I. Bei Ballstaffeln gibt sich jeder Mühe

1. Vorteile und Schwierigkeiten

Staffelwettbewerbe eignen sich ausgezeichnet dazu, Erlerntes anzuwenden, das Können zu überprüfen und zu beweisen. Wenig spielbegeisterte Schüler treibt der Gruppenehrgeiz bei solchen Staffeln oftmals zu deutlichen Leistungssteigerungen.

Die Aufgaben müssen einfach sein, damit trotz Wettkampfatmosphäre die saubere Technik erhalten bleibt. Am besten schalten wir jedem Wertungsdurchgang einige Trainingsdurchgänge vor, um die wichtigsten technischen Forderungen wiederholen zu können.

„Welche Gruppe schafft einen fehlerfreien Durchgang?" ist eine weit günstigere Aufgabe als die Aufforderung zu größtmöglicher Schnelligkeit. Eine

Abb. 38

Gruppe, die rasch fertig werden will, wird nämlich flach und hart zuspielen, auch wenn eine hohe Leine dies verhindern soll. Sie wird alle Anweisungen, hoch und elastisch abzuspielen und richtig in Stellung zu laufen, im Nu vergessen haben.

Ballstaffeln sind eine zweckmäßige Lösung, wenn:
— zu wenig Bälle vorhanden sind,
— die Spielfläche nicht groß genug ist,
— ein straffer Ordnungsrahmen erforderlich ist,
— ein geübter Schüler Schwächeren helfen soll.

2. Aufstellungen

Zu Beginn sollte der Mannschaftsführer (T) zuspielen und Ungenauigkeiten des Rückspiels ausgleichen *(Abb. 39a, b)*; erst später können auch weniger geschickte Schüler für einen Durchgang oder in einer bestimmten Reihen-

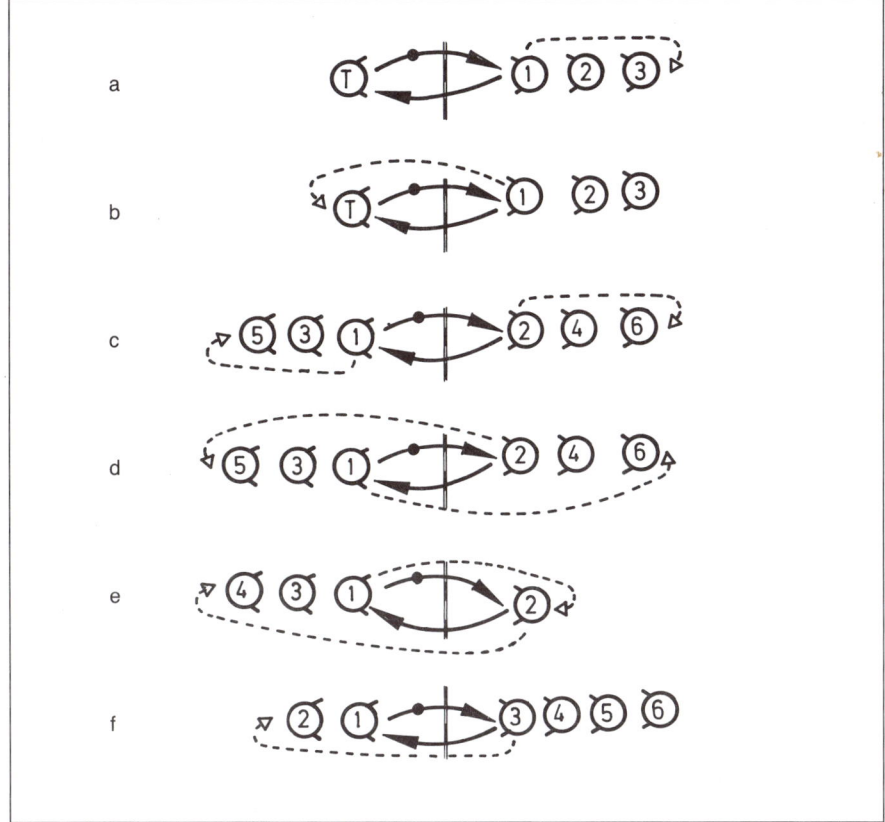

Abb. 39

folge *(Abb. 38, 39c, d)* diese Aufgabe übernehmen. Erst zuletzt werden wir das Rückspiel nach einem raschen Stellungswechsel zur Gegenseite verlangen *(Abb. 39e)*. Das Abspiel im sicheren Stand ergibt sich automatisch bei *Abb. 39a und c* (hinter der eigenen Gruppe anstellen), während das Abspiel mit Nachlaufen *(Abb. 39b, d, e)*. mehr der Streck- und Vorwärtsbewegung beim Abspiel nützt.

Noch schwieriger erscheint zunächst die auf *Abb. 39f* dargestellte ,,Marathonstaffel": der Mannschaftsführer (1) spielt zu, die Spieler der Gruppe laufen nach ihrem Rückspiel hinter ihn (wie auf *Abb. 39b)*. Lediglich der letzte der Gruppe (6) bleibt auf der anderen Seite und leitet mit seinem Rückspiel zum Mannschaftsführer den folgenden Durchgang in entgegengesetzter Richtung ein. Die Reihenfolge der Spieler darf nicht verändert werden; der Wettkampf endet, wenn die Anfangsaufstellung wieder erreicht ist.

3. Immer schwierigeres Zuspiel

Der anfliegende Ball soll nun in immer neuen Formen zurückgespielt werden:

— *Auffangen — Anwerfen und Pritschen*
— *Hochfedern lassen — Auffangen und Druckwurf*
— *Doppelpritschen (Abb. 28)*
— *Hochfedern lassen — Kopfstoß (Abb. 9)*
— *Hochbaggern — Pritschen*
— *Hochbaggern — Kopfstoß*
— *Pritschen*
— Senkrecht hochpritschen und weglaufen — der Hintermann pritscht über die Leine zurück.

Auch ein absichtlich ungenaues Zuspiel des Mannschaftsführers kann den Schwierigkeitsgrad der Aufgabe erhöhen, oder er wendet statt des genauen Druckwurfes das weniger sichere Doppelspiel oder schließlich das schnellere direkte Pritschen an.

4. Wie in der Manege

Die Gruppe läuft einen bestimmten Kurs (siehe *Abb. 40)*; jeder muß unterwegs die von den vier Zuspielern (a—d) zugeworfenen Bälle zurückpritschen; also:

,,Laufen, stehen und drehen, pritschen und schnell weiterlaufen!"
Zuspieler und Laufrichtung werden ab und zu gewechselt.
Die Zuspieler werfen nicht mehr zu, sondern müssen ebenfalls pritschen.
Alle passen auf, daß keine Stauungen oder Lücken entstehen.

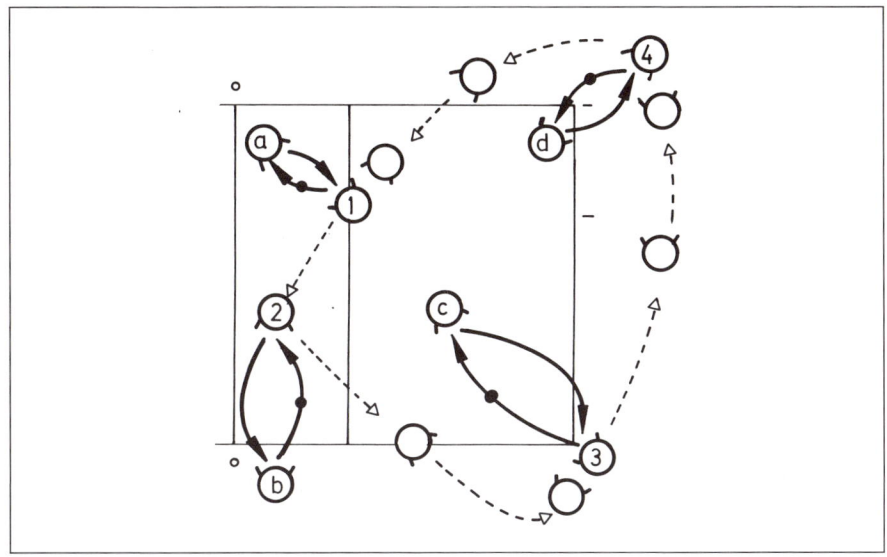

Abb. 40

II. Dreieckspiel — Abspiel im Winkel

Das reine frontale Abspiel, also genau entgegengesetzt zur Anflugrichtung des Balles, ist im Spiel sehr selten. Normalerweise muß in einem Winkel abgespielt werden. Vergrößert sich dieser Winkel, so verringert sich in gleichem Maße die optische Kontrolle und damit die Zielgenauigkeit.

1. Laufen — stehen und drehen — pritschen

Der Spieler läuft genau wie zum frontalen Abspiel in die richtige Stellung „unter und hinter" den Ball und steht dann in der gewohnten offenen Schrittstellung im sicheren Gleichgewicht. Er achtet jedoch darauf, daß derjenige Fuß hinten steht, in dessen Richtung das Abspiel erfolgen soll. Dann nämlich ist es eine Kleinigkeit, beim Tiefgehen, kurz vor oder zu Beginn der Streckung, den Körper durch eine Drehung auf den Fußballen in die Abspielrichtung zu wenden.

Auf *Abb. 41* weist die linke Fußspitze in die Anflugrichtung des Balles, während der rechte hintere Fuß bereits zum anzuspielenden Partner zeigt. Das Abspiel im Winkel wird dadurch zum frontalen Pritschen nach einer Körperdrehung. Das *Stellen nach hinten* wird später behandelt (S. 66), während das *laterale Abspiel,* d. h. seitliches Pritschen in Verlängerung der Schulterachse, hier unberücksichtigt bleibt.

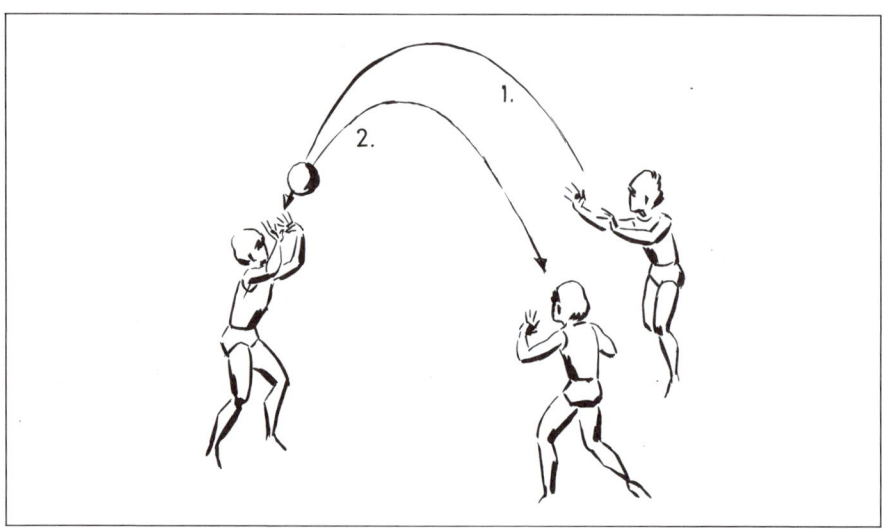

Abb. 41

2. Dreieckspiel in immer neuen Formen

Das Dreieckspiel ist bei Anfängern und in Spitzenmannschaften die Grundlage eines erfolgreichen Mannschaftsspiels. Für unser Training bringt es die Schwierigkeit, daß sehr viel mehr Platz benötigt wird als beim Üben in Paaren und außerdem die Übungsintensität abnimmt. Wir dürfen deshalb nur solche Übungsformen auswählen, die nicht allzuviel Platz erfordern und eine ausreichende Belastung sichern, auch wenn viele teilnehmen.

a) *„Welche Dreiergruppe erreicht 30 fehlerfreie Abspiele?" (Abb. 41)*

Wir beginnen mit Doppelspiel *(Abb. 28);* der Ball darf zunächst in beliebiger Reihenfolge zugepritscht werden; später muß er in einer Richtung wandern.

Nur ein Spieler der Dreiergruppe darf das Doppelspiel anwenden; die beiden anderen müssen direkt pritschen; nach drei Fehlern wird gewechselt.

Alle pritschen; zuerst wieder beliebige Reihenfolge, dann immer in derselben Richtung *(Abb. 41).*

b) *Der Mittelmann pendelt (Abb. 42)*

Für a und c ändert sich, verglichen mit der ersten Übung, nichts; sie erhalten den Ball von rechts und spielen ihn nach links ab; b dagegen muß nach jedem Abspiel loslaufen und am Endpunkt seines Pendellaufs nach einer Körperdrehung im Winkel abspielen.

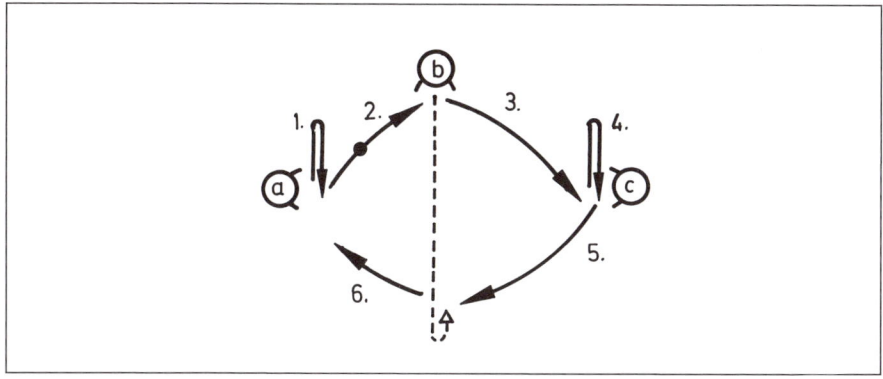

Abb. 42

"Wer schafft sechs Läufe ohne Abspielfehler?" Alle können wieder mit Doppelpritschen beginnen; dann pritscht der Mittelmann direkt und schließlich auch noch die Zuspieler.

c) **Laufen gegen Pritschen**

Zwei Mannschaften zu je vier Spielern; Aufstellung und Aufbau nach *Abb. 43*.

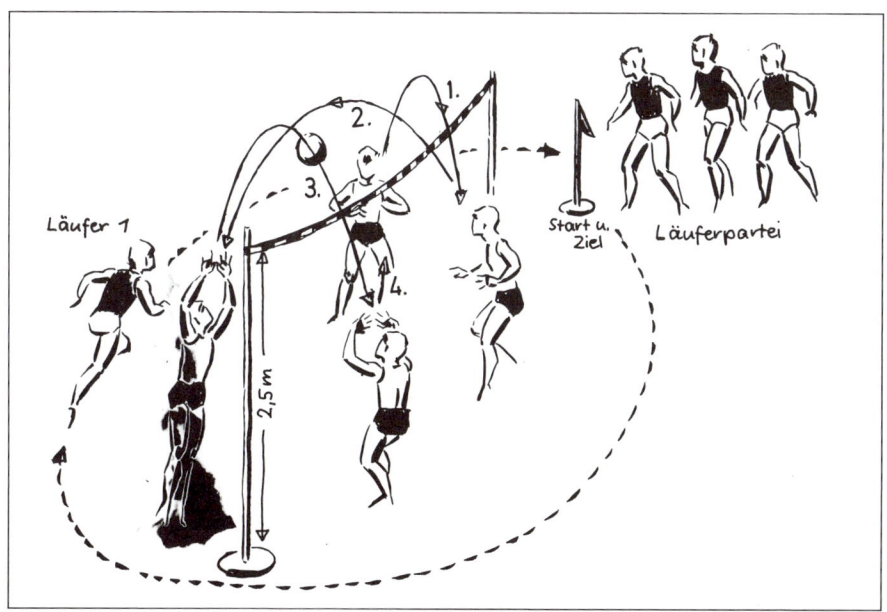

Abb. 43

Der Läufer startet, wenn der Ball zum ersten Abspiel angeworfen wird (1.). Die Läuferpartei erhält einen Punkt, wenn ihr Läufer das Ziel erreicht, ehe der Ball den vorgeschriebenen Weg (1.—4.) zurückgelegt hat, und wenn der Ball nicht über die Leine gespielt wird oder diese berührt. Nach vier Läufen wird gewechselt.

d) *Dreimal nacheinander (Abb. 44)*

Zwei gute Spieler und der Lehrer stehen am Netz nebeneinander (a, b, T); die Übenden beginnen mit Ball schräg vor a. Sie pritschen zu a (1.), laufen ins Feld, pritschen zu b (3.), schließlich zu T (5.) und müssen dann schnell nach hinten laufen, um einen weiten Paß von T (6.) noch auffangen zu können. Der nächste beginnt, wenn sein „Vordermann" den 5. Paß spielt. Die Zuspieler (a, b, T) sollen immer hoch, jedoch, auf das Können des einzelnen abgestimmt, mehr oder weniger genau zuspielen.

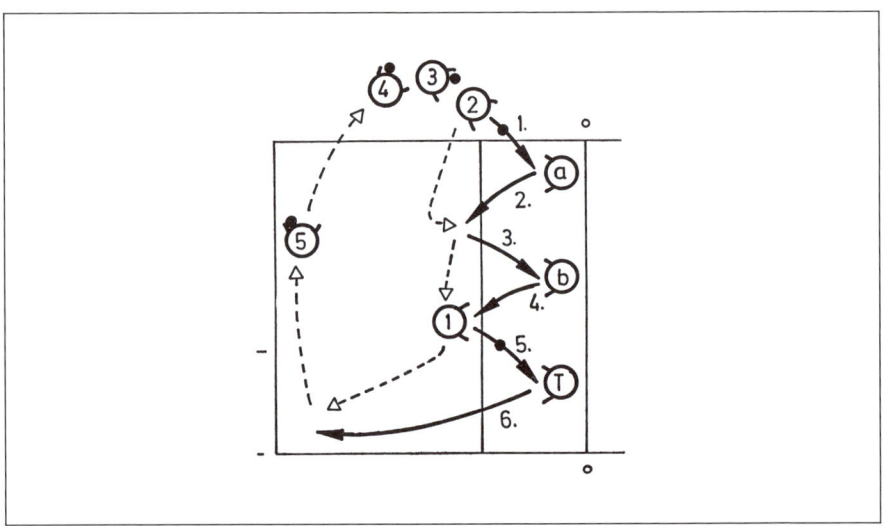

Abb. 44

e) *Dreieckspiel am Netz*

Zur Einführung eignet sich die Anordnung nach *Abb. 21* besonders gut: der Ball soll sehr hoch und genau parallel zum Netz in den Korb gepritscht werden. Er wird jedoch hier nicht selbst angeworfen, sondern von einem Partner zugepritscht. Der Partner steht zunächst beinahe vor dem Übenden, später immer weiter vom Netz entfernt. Jeder läuft seinem Zuspiel nach. Wo das Zuspiel noch nicht genau gelingt und ein Streit um den besten Hintermann entstehen könnte, darf der Partner zuwerfen.

f) *Dreieckspiel mit Nachlaufen*

Aufstellung nach *Abb. 45;* jeder läuft auf den Platz des von ihm Ange-
spielten. Wir üben nach Möglichkeit am Netz oder vor dem Basketballbrett und achten darauf, daß die Schüler das erste Zuspiel (1.) mitten in
den Angriffsraum (1,5 bis 2 m vom Netz bzw. Korb) und das zweite Zuspiel (2.) möglichst hoch und parallel zum Netz (Basketballbrett) ausführen.

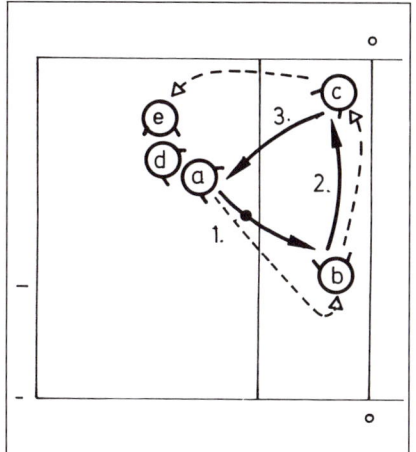 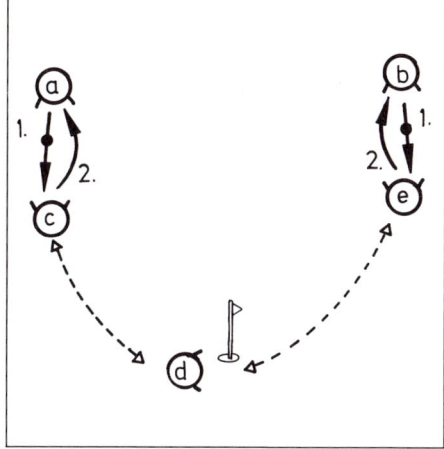

Abb. 45   *Abb. 46*

g) *Baggern und Laufen (Abb. 46)*

Drei Abwehrspieler (c, d und e) baggern die von den beiden Zuspielern
(a, b) zugeworfenen Bälle zurück und laufen danach um eine Markierung. Der Abstand der Markierung und das Zuwerfen sind auf das Können der Übenden abzustimmen.

III. Frontales Pritschen nach hinten

Das Stellen nach hinten, auch oberes Zuspiel rückwärts oder Stellen über
den Kopf, ist besonders deshalb schwieriger als jeder Paß nach vorne, weil
der Steller dabei das Ziel und den Angreifer nicht sieht. Er muß ohne optische Kontrolle des Abspielraums und ohne Blickverbindung mit dem Partner abspielen und kann sich lediglich an seinem eigenen Standort im Feld
bzw. seinem Abstand vom Netz orientieren.

Mit dem Stellen nach hinten wird der eigene Angriff variabler und die gegnerische Blockbildung und Abwehr schwieriger.

| a | b | c | d | e |

Abb. 47

Technisch unterscheidet es sich vom Pritschen nach vorn nur in zwei Bewegungsmerkmalen:

1. Der Steller läuft genau unter den Ball und hat ihn im Augenblick des Abspiels nicht vor der Stirn, sondern über dem Gesicht *(Abb. 47c)*. Sein Oberkörper bleibt aufrecht, lediglich der Kopf wird leicht zurückgenommen.

2. Die Körper- und vor allem die Armstreckung sind nach oben-hinten und nicht steil nach vorn-oben gerichtet *(Abb. 47d, e)*. Wer zu sehr nach hinten streckt oder sogar eine Hohlkreuzhaltung einnimmt, wird ganz sicher zu flach und zu weit nach hinten abspielen.

Häufige Fehler

> — **Weites Zurückneigen des Oberkörpers;**
> *„Aufrecht bleiben; nur den Kopf zurücknehmen!"*
> — **Falsche Stellung zum Ball;**
> *„Genau über dem Gesicht pritschen!"*

IV. Volleyball ohne Aufschlag

Alle Erleichterungen wie Auffangen, Aufspringenlassen und auch Doppelspiel sind jetzt verboten; der Ball ist durch direktes Pritschen zum Partner

Abb. 48

und zum Gegner zu spielen. Bei Rettungsaktionen dürfen die Schüler baggern und auch einarmige Abwehrschläge anwenden.

Lediglich Aufschlag und Annahme bleiben noch ausgeklammert. Die Dominanz des Aufschlags sowie technische und taktische Mängel bei der Annahme würden nämlich zunächst jeden Spielfluß verhindern und ein Spiel mit vielen langen Ballwechseln gleich gar nicht entstehen lassen.

Volleyball ohne Aufschlag kann völlig ohne Baggern gespielt werden, wenn dies aus schon genannten Gründen (S. 30) noch oder wieder günstig und lohnend erscheint.

Alle Spielhandlungen folgen jetzt rasch aufeinander, Spielpausen entstehen nur noch bei Fehlern. *Volleyball ohne Aufschlag* schult das Zusammenwirken in der Abwehr, im Angriffsaufbau und im Angriff und fordert häufig Alternativentscheidungen: annehmen oder sich dem Annehmenden anbieten, zweites Abspiel oder Angriff, pritschen oder baggern.

1. Spielregeln

Alle wichtigen offiziellen Regeln (ausgenommen die für Aufschlag und Annahme) können nun gelten.

Der höheren Spielintensität wegen und zur technischen wie taktischen Vereinfachung beschränken wir uns normalerweise außerdem auf Dreiermannschaften, verkleinern das Feld auf 4,5 m Seitenlänge und hängen das Netz auf Männerhöhe oder sogar 2,5 m.

Die Spieleröffnung erfolgt aus der Feldmitte durch den jeweiligen Hinterspieler oder in Netznähe durch denjenigen, der gerade den Ball hat mittels Pritschen nach eigenem Anwerfen.

Direktes Rückspiel zum Gegner bleibt verboten; bis zu zwei Abspiele im eigenen Feld sind erlaubt.

Zählweise und Rotation erfolgen nach Vereinbarung oder nach den offiziellen Regeln (siehe Abschnitt Q. II.).

2. Taktische Grundregeln

a) *Zur Feldverteidigung*

— *„Den Gegner beobachten!"*
— *„Mitten im Abwehrbereich stehen!"* (oder *„Abstand halten vom Netz und von den Linien!")*
— *„Arme hoch, wenn der Ball im Spiel ist!"*
— *„Nicht vor den Partner laufen!"* aber: *„Wegbleiben, wenn ein anderer drangeht!"*

b) *Zum ersten Paß*

— *„Besser senkrecht hoch als zu nahe ans Netz!"*
— *„Wer nicht annimmt, wird sofort Steller (oder Sicherung)!"*

c) *Zum Stellen*

— *„Zum Stellen nahe ans Netz, zum Angriff weg vom Netz!"*
— *„Vor dem Stellen abstoppen und in die Abspielrichtung drehen!"*
— *„Wer flach und dicht ans Netz stellt, erschwert den Angriff!"*

d) *Zum Angriff*

— *„Vor dem Angriff vom Netz lösen!"*
— *„Steller und Ball beobachten!"*
— *„Auf Lücken oder ins Hinterfeld pritschen!"*

H. Aufschlag von unten — sicher und genau

Mit dem Aufschlag, auch Aufgabe oder Angabe, eröffnet eine Mannschaft das Spiel zu Beginn jedes Satzes und nach jedem Fehler des Gegners. Wir fördern im Training und im Spiel mit allen Mitteln größtmögliche Sicherheit und Genauigkeit beim Aufschlag und bremsen den Drang zu seiner immer härteren Ausführung. Viele Schüler könnten nämlich sehr schnell so hart schlagen, daß die Annahme äußerst schwierig und das ganze Spiel zu einem Aufschlagduell würde, in dem Aufschlagfehler und mißlungene Annahmen vorherrschten. Ermuntert man dagegen die guten Aufschläger, mit sicheren und genauen Bällen ungedeckte Stellen im Spielfeld oder den schwächsten Spieler zu treffen, so stellt dies den Gegner vor eine zwar schwierige, aber doch technisch lösbare Aufgabe.

Steht dagegen die rasche Vorbereitung einer Mannschaft auf Wettkämpfe im Vordergrund, so verdient, wenigstens bei Jungen, gleich der Tennisaufschlag das Hauptaugenmerk und sollte in Komplexübungen zusammen mit der Annahme ein Trainingsschwerpunkt sein.

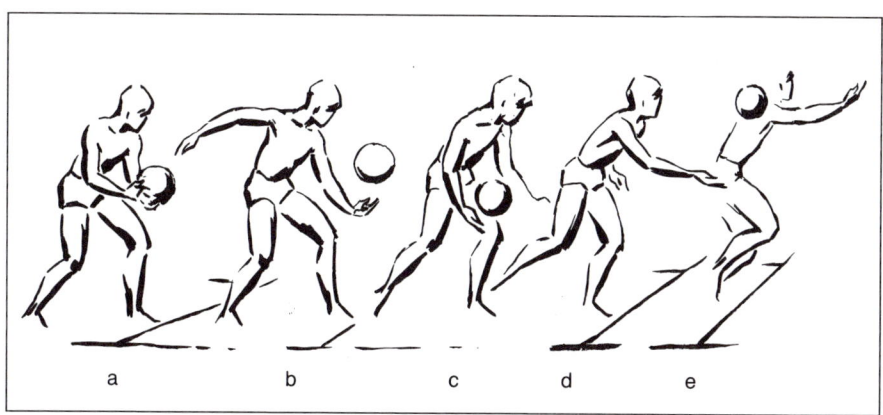

Abb. 49

Für Schule und Freizeit eignet sich jedoch der sichere und technisch sehr einfache Aufschlag von unten am besten; dabei ist die frontale Ausführung der seitlichen vorzuziehen.

I. Die richtige Technik

1. Grobform der Bewegung

a) Offene Schrittstellung, beim Rechtshänder linker Fuß vorn; gebückt stehen; den Ball wenig über Kniehöhe und nahe am Körper halten *(Abb. 49a)*. Die Schlaghand *(Abb. 50)* liegt von hinten-unten am Ball.

b) Von dort genau in der Vertikalebene ausholen *(Abb. 49b)*.

c) Den Ball niedrig anwerfen oder fallen lassen und gleichzeitig mit leicht angewinkeltem Arm genau in der Vertikalebene schlagen; die Hand schwingt dicht am Oberschenkel vorbei *(Abb. 49c)*.

d) Die offene Hand *(Abb. 50)* trifft schräg unter den Ball; der ganze Körper ist in einer Vorwärtsbewegung *(Abb. 49d)*.

e) Hinter dem Ball her einige Schritte ins Spielfeld laufen *(Abb. 49e)*.

2. Handhaltung

Die zweckmäßigste, wenn auch zunächst ungewohnte Handhaltung zeigt *Abb. 50*. Der Daumen liegt — wie beim Wassertrinken — seitlich am zweiten Glied des Zeigefingers. Hauptsächlich der Handballen und die Daumenkante treffen gegen den Ball. Schläge mit dem Unterarm, mit der Daumen-Zeigefingerkante oder mit der Faust sind zwar erlaubt, jedoch technisch schwieriger und vor allem ungenauer.

Abb. 50

II. Die häufigsten Fehler

> — *Der Spieler steht zu aufrecht.*
> — *Sein Ausholen und Schlagen erfolgt in einer schrägliegenden Ebene — wie beim Diskuswerfen — und oft mit einer Körperverwindung.*
> — *Er wirft zu weit nach vorne oder zu hoch an.*
> — *Er schlägt ohne Körpereinsatz, nur mit einem kraftvollen Armschwung.*
> — *Ihm fehlt die richtige Koordination von Ausholen und Anwerfen sowie von Schlag und Vorwärtsbewegung ins Feld.*

III. Die Stoßaufgabe — speziell für Minivolleyball

Die kurze Abspielentfernung im Minifeld ermöglicht eine ganz besondere und nur hier anwendbare Aufgabetechnik *(Abb. 51)*. Begabte Spieler können damit überraschender und zielgenauer anspielen als mit dem üblichen und unauffälligen Aufschlag von unten.

Der Spieler läuft mit drei Schritten (links — rechts — links) schräg zur Grundlinie an. Er springt wie zu einem Sprungwurf einbeinig vor der Linie schräg vorwärts ab *(Abb. 51a)*. Im Sprung hebt er den Ball mit der linken Hand etwas über Kopfhöhe *(Abb. 51b)*. Wie beim Kugelstoßen streckt der Spieler nun den rechten Arm schnell vor-hoch und spielt den Ball mit der offenen Hand — Finger etwa wie beim Pritschen — über das Netz ins Gegenfeld *(Abb. 51c)*.

a   b   c

Abb. 51

Die durch den Sprung ins Feld verminderte Abspielentfernung und die größere Abspielhöhe bringen, verglichen mit dem Aufschlag von unten, besonders den großen Spielern, deutliche Vorteile.

IV. Üben mit Zusatzaufgaben

Wir beachten bei allen Übungsformen:
— Nicht die harte, sondern die genaue und sichere Ausführung zu fordern.
— Möglichst bald zusammen mit dem Aufschlag die weit schwierigere Annahme zu üben.
— Frühzeitig für zusätzliche Belastung zu sorgen, da auch im Wettspiel dem Aufschlag Anstrengungen vorhergehen.

1. Aufschlagwettkämpfe

Paare üben im Querbetrieb über das Baustellenband oder im Spielfeld mit dem Netz in Wettkampfhöhe; 6 m von der Mittellinie sind Aufschlaglinien eingezeichnet. Alle üben gleichzeitig mit möglichst vielen Bällen.

a) *„Jeder hat acht Versuche; wer macht die wenigsten Aufschlagfehler?"*

Als Fehler gelten: der Ball berührt das Netz oder den Boden außerhalb des Gegenfeldes; Linienbälle sind gültig; der Spieler schlägt den Ball aus der haltenden Hand, betritt oder überschreitet beim Schlag die Aufschlaglinie.

b) *„Wer erreicht als erster fünf gültige Aufschläge in Serie?"*

Jeder, der einen Aufschlagfehler begeht, muß schnell auf die Gegenseite laufen und darf dort seine Serie fortsetzen (oder er beginnt dort von vorne).

c) *„Nach jedem Schlag muß die Seite gewechselt werden; wer hat als erster fünf gültige Aufschläge?"*

Bei diesem sehr anstrengenden Wettkampf merken die Schüler bald, daß eine kurze Pause zur Konzentration auf den Schlag mehr einbringt, als allzu große Eile˙ und Hast.

2. Zielaufschläge

In jedem Spielfeld liegt eine Weichbodenmatte, je nach Können der Schüler mehr oder weniger weit vom Netz und von den Seitenlinien entfernt. Alle üben gleichzeitig mit möglichst vielen Bällen.

a) *„Wer trifft die Matte?"*

b) „Wer erzielt in drei Minuten die meisten Treffer?"
Bei Aufschlagfehlern die Seite wechseln.

c) „Welche Mannschaft erzielt zuerst zehn Treffer?"
Kein Seitenwechsel; zwei Schiedsrichter zählen laut die Treffer.

3. „Wer trifft den Partner?"

Paare üben im Querbetrieb über das Baustellenband (Längsnetz); jeder
schlägt von der Seitenlinie aus so genau auf, daß ein Partner im Gegenfeld
ohne die geringste Ortsveränderung auffangen kann. „Gelingt die Übung
auch dann, wenn der Partner sitzt oder auf einem Kleinkasten (in einem
Gymnastikreifen) steht?"

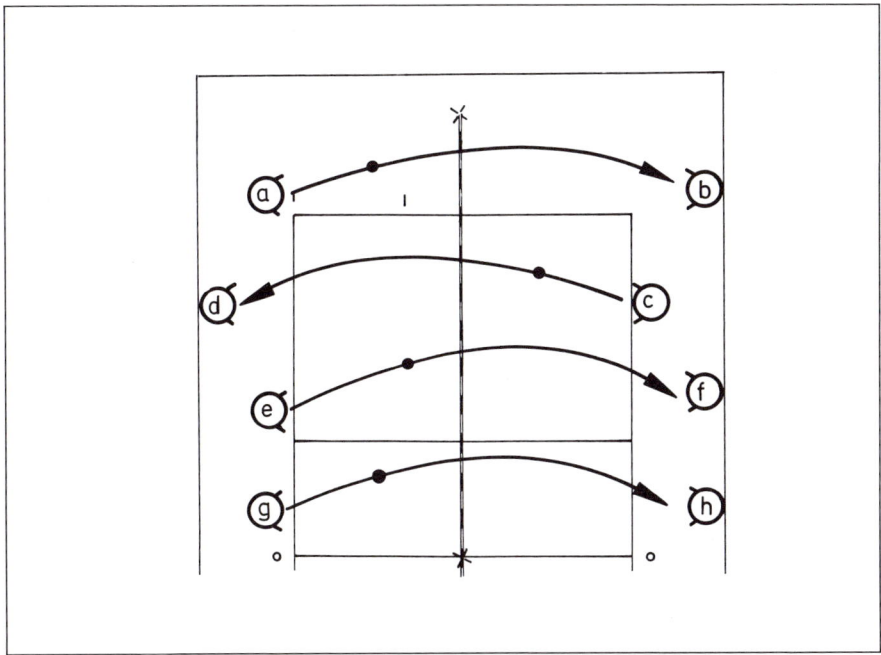

Abb. 52

4. Am Marterpfahl *(Abb. 52)*

Der Partner steht reglos, die Arme hinter dem Rücken verschränkt, an der
Wand und weicht dem anfliegenden Ball erst im letzten Moment aus und
nur, um Kopftreffer zu vermeiden.

5. Das Brett treffen *(Abb. 53)*

Jeder soll mit Aufschlägen aus drei verschiedenen Entfernungen (A, B und C) das Basketballbrett treffen. Vorschriften zur Aufschlagtechnik, zur Reihenfolge (z. B. Wechseln zur nächsten Marke nach jedem Aufschlag), Anzahl und Wertung der Versuche (z. B. insgesamt zehn Aufschläge bei unterschiedlicher Punktzahl für Treffer bei A, B und C), ermöglichen interessante Wettbewerbe und ein sehr intensives Üben.

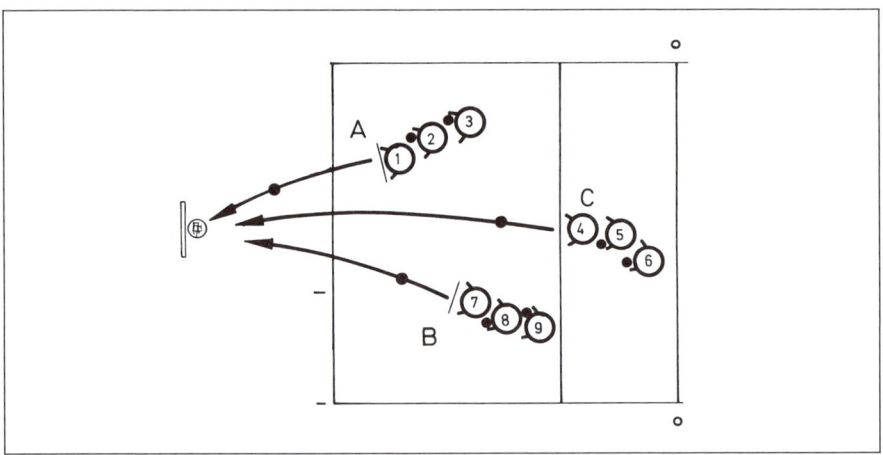

Abb. 53

I. Lob und Drive als Vorgriff

Genauso wie bei der Einführung des Baggers gibt es viel Für und Wider, zu welchem Zeitpunkt man am besten Schmetterschlag, Lob oder Drive einführen sollte. Diese Angriffsmittel machen das Spiel schneller, aber unübersichtlicher, den Angriff wirksamer, aber auch riskanter. Körperlicher Einsatz beim Angriff und in der Abwehr gefällt den spielstarken Schülern, viele Fehler und „schnelle" Punkte unterbrechen aber den Spielfluß noch häufiger als zuvor.

Wer den Angriff im Sprung fördern will, muß bei den Zwölfjährigen eine Netzhöhe von 2,05 m oder niedriger wählen und das schnelle und flache Spiel in Kauf nehmen (auch dann, wenn im Angriff nicht geschmettert, sondern gepritscht wird).

Das Kleinfeld und Schmettern passen nicht zusammen: zu viele Ausbälle und zu geringe Abwehrchancen bei Angriffen besonders großer Schüler wären die Folge. Dagegen machen lockere Handgelenkschläge und Lobs Minivolleyball und Vierervolleyball (siehe S. 115) für alle Schüler farbiger und interessanter.

Zu empfehlen ist deshalb, den Lob in Anlehnung an die Stoßaufgabe (S. 71) zunächst im Sprung aus dem Stand zu fördern, dann die Schrittfolge und Absprungtechnik für den Schmetterschlag (S. 93) vorzustellen und denjenigen Spielern zu empfehlen, die sich im Spiel Angriffe im Sprung zutrauen. Sie sollen dann aber nicht schmettern, sondern einen Lob spielen oder einen Handgelenkschlag anwenden.

Im Zusammenhang, ausführlich und für die ganze Gruppe führen wir das Schmettern erst später ein und wenden es erst beim Spiel auf dem Großfeld an.

I. Die richtige Technik

a) *Anlauf und Sprung*

Die Schüler sollen entweder aus dem Stand abspringen, einen beliebigen Kurzanlauf anwenden, oder sie werden dazu ermuntert, den kurz vorgestellten Schmetteranlauf (siehe S. 93) zu imitieren.

b) *Lob*

— Im Sprung den Ball mit gestrecktem Arm in größtmöglicher Höhe erreichen *(Abb. 54)*.

Abb. 54

— Mit den Fingerkuppen — Finger etwas enger als beim Pritschen — den
Ball von hinten, bei genügender Höhe und nahe am Netz eher von hinten-oben, knapp und schnell „antippen". Der Ball kann durch ein sehr
schnelles Abklappen der Hand im Handgelenk, keinesfalls aber durch
eine führende Wurfbewegung des gesamten Armes, in die neue Richtung beschleunigt werden. Die größte Schwierigkeit beim Lob ist, den
Ball nicht festzuhalten und zu führen, sondern ihn ebenso schnell weg-
zuspielen wie beim Pritschen.

c) *Drive*

Unter diesem Begriff sind eine ganze Reihe unterschiedlicher Angriffs-
schläge zusammengefaßt. Die für Anfänger im Kleinfeld geeignete Variante (auch als Aufschlag) hat mit dem frontalen Schmetterschlag nur
wenige Bewegungsmerkmale gemeinsam.

— Den Ball am Angriffsort oder nur wenig dahinter erwarten.
— Aus dem Stand oder mit einem knappen Kurzanlauf hochspringen.
— Den Ball mit gestrecktem Arm und beinahe ohne Ausholbewegung in
größtmöglicher Höhe im Sprung erreichen.
— Dann mit fester Hand und festem Handgelenk den Ball mit dem Handballen oder der Daumen- und Kleinfingerkante der gewölbten Hand von
hinten oder hinten-oben knapp treffen.

— Die Hand kann beim Schlag vorklappen, ein weiter Armschwung oder gar ein kraftvoller Armeinsatz unterbleiben jedoch. Dieser dosierte Angriffsschlag ist, ebenso wie der Lob, nicht nur das erfolgreichste Angriffsmittel beim Minivolleyball, sondern stellt später, beim Spiel auf dem Großfeld, eine sehr wertvolle Angriffsvariante dar. Eine ausführliche Darstellung unterbleibt hier hauptsächlich deshalb, weil beide Techniken zum jetzigen Zeitpunkt besonders geeigneten Schülern vorbehalten bleiben und erst später gründlich erlernt und geübt werden sollen.

K. Minivolleyball — der erste offizielle Wettkampf

Alle Voraussetzungen zum Gelingen des richtigen Spiels — reguläres Feld mit voller Spielerzahl — scheinen erfüllt zu sein: Aufschlag und Annahme gelingen einigermaßen; bei den Aufschlagwettbewerben entsprachen die Abstände schon beinahe den internationalen Regeln *(Abb. 53)*. Das Abspiel erfolgt hoch genug und recht genau, die Stellung der Spieler im Feld und ihre Bewegungen genügen den taktischen Forderungen.

Trotzdem wird im Großfeld nur selten ein Spiel mit vielen Ballwechseln entstehen. Häufige Spielunterbrechungen bringen gelangweiltes Herumstehen. Gute Spieler ärgern sich über „vermeidbare" Fehler der Schwächeren oder drängen sich vor und versuchen, alles selbst zu machen.

Die größeren Entfernungen im richtigen Spiel erschweren das Zuspiel; die höhere Spielerzahl und die — verglichen mit allen bisherigen Spielen — stärker und schneller wechselnden Spielsituationen stellen erhöhte Anforderungen an Zusammenspiel und gegenseitiges Verständnis.

Im Regelfall wird es sich daher lohnen, Spielerzahl und Spielfeldgröße allmählich den offiziellen Regeln anzupassen und einige Monate lang Minivolleyball und danach — zumindest mit 11- und 12jährigen — auch noch eine Zeitlang Vierervolleyball (S. 115) zu spielen.

I. Offizielle Spielregeln

Viele der vom Internationalen Volleyballverband (FIVB) und vom Deutschen Volleyball Verband (DVV) festgelegten Empfehlungen und Spielregeln für Minivolleyball, sowie die Bestimmungen für den Bundeswettbewerb der Schulen „Jugend trainiert für Olympia" (siehe S. 154) passen gut in unser Ausbildungskonzept.

1. Spielfeld und Netzhöhe

Die Größe der Felder muß sich wie bisher nach der verfügbaren Fläche und den vorhandenen Markierungen richten; sie sollten jedoch nach Möglichkeit breiter als lang oder höchstens quadratisch und bei drei Spielern 5 bis 6 m breit und 8 bis 10 m lang sein *(Abb. 55)*.

78

Abb. 55

Ein „Handtuch"-Spielfeld (4,5 auf 12 m) begünstigt zusammen mit geringer Netzhöhe (2,1 m), den Trend zu harten Aufschlägen. Riskante und schwer anzunehmende Tennisaufschläge werden spielentscheidend und hemmen den Spielfluß; außerdem entstehen im schmalen Feld besonders ungünstige Abspielwinkel für den Steller.

Wir bevorzugen deshalb die für Wettkampf IV des Wettbewerbs „Jugend trainiert für Olympia" festgelegten Maße von 6 m auf 9 m *(Abb. 55* und *56)* und eine Netzhöhe von 2,20 m für Jungen, Mädchen und gemischte Mannschaften.

In großen Klassen lassen wir über das Längsnetz „quer" spielen; das Baustellenband ist, solange noch nicht geschmettert und geblockt wird, ein durchaus brauchbarer Ersatz.

Im regulären Volleyballfeld entstehen so ohne zusätzliche Markierungen gemäß *Abb. 56* drei Minifelder nebeneinander. Bei Wettkämpfen bleibt das Mittelfeld frei.

2. Spielregeln für Minivolleyball

Die wichtigsten Spielregeln aus dem offiziellen Regelwerk können jetzt der Reihe nach eingeführt werden. Bisher erlaubte Vergünstigungen fallen weg

(Doppelspiel) oder sind nur den schwächeren Schülern erlaubt (z. B. beidhändiges Einwerfen von unten statt eines Aufschlags).

Der ungekürzte Text der Minivolleyball-Regeln ist im Anhang zitiert (S. 153). Hier sind nur besonders wichtige — zum Teil auch abweichende — Spielregeln zusammengefaßt.

Abb. 56

a) *Aufschlag*

Durch den Grundspieler von der gesamten Endlinie des Kleinfeldes. Aufgabewechsel, Rotation und Zählweise gemäß den offiziellen Regeln (siehe S. 144, 154).

b) *Zuspiel*

Erlaubt sind Pritschen und Baggern. Direktes Rückspiel zum Gegner bleibt verboten; also mindestens einmal, höchstens aber zweimal im eigenen Feld abgeben.

c) *Netz und Mittellinie*

Überschreiten der Mittellinie und Berühren des Netzes durch Spieler sind Fehler; ebenso das Übergreifen, wenn dabei der Ball berührt oder der Gegner behindert wird (Ausnahme Block — siehe S. 153, 1.). Berührt der Ball das Netz, so wird weitergespielt. Lediglich beim Aufschlag ist Netzberührung ein Fehler.

3. Ball

Wer die Möglichkeit hat, genügend viele Minivolleybälle für die 9- bis 12jährigen anzuschaffen, sollte dies tun. Der Minivolleyball ist nur wenig kleiner als der Normalball aber erheblich leichter und bringt, besonders beim Pritschen, für die Kleinen ganz erhebliche Vorteile. Wer jedoch mit normalen Volleybällen trainiert, sollte sie auch für das Spiel verwenden.

II. Einteilung der Mannschaften

Um Zeit einzusparen, vor allem aber, um' das Zusammenwirken von Spielern im Wettkampf voranzutreiben, sollten feste Mannschaften über längere Zeit zusammenbleiben.

Fassen wir Schüler gleicher Spielstärke in Mannschaften zusammen, so sind schnellere Fortschritte möglich und weniger Ärger und Leerlauf zu befürchten als bei einer Aufteilung der Klasse in Gruppen gleicher Spielstärke. Es ist dann zwar kein Turnier ,,Jeder gegen jeden" möglich (siehe S. 150), sondern nur Hin- und Rückspiele der gleichstarken Mannschaften gegeneinander. Jede Paarung kann jedoch leistungsgerechte Aufgaben erhalten oder sich selbst auswählen. Solange die schwächeren noch *Volleyball mit Auffangen* spielen, erhalten die spielstärkeren Mannschaften auf den Nachbarfeldern Zusatzregeln oder spielen schon *Minivolleyball*. Ab und zu sollten dann aber auch die starken Spieler mit den schwächeren zusammenspielen. Durch erhöhte Leistung und Aufmerksamkeit sollen sie deren Fehler ausgleichen, ihnen durch Hinweise und Korrekturen sowie durch besonders genaues Zuspiel helfen und zum Beispiel den Übergang zu einem neuen Spiel oder einer neuen Übungsform erleichtern.

III. Taktik

In jeder Dreiermannschaft stehen zwei Spieler am Netz (Vorder- oder Angriffsspieler) und einer hinten in der Mitte (Hinter- oder Grundspieler).
Eine personengebundene Spezialisierung — Steller oder Angreifer — ist pädagogisch ungünstig. Dagegen sollte man bestimmten Positionen Hauptaufgaben zuweisen: der rechte Vorderspieler soll nach Möglichkeit stellen, wer links vorne steht, ist hauptsächlich Angreifer. Er muß aber auch ebenso selbstverständlich das Stellen übernehmen, wenn der Annehmende ihn anspielt oder der Hauptsteller einen Ball nicht erreichen kann. Beim Minivolleyball schon Platzwechsel oder Läuferspiel einzuführen, um damit Spezialisten besser zur Geltung zu bringen, ist sicher falsch. Selbst der oft

empfohlene vorgezogene Steller (vergl. Abschnitt P. III) bringt nur dann taktische Vorteile, wenn die Annahme so gut gelingt, daß er mühelos die Mehrzahl der ersten Pässe erreichen und einem Angreifer stellen kann. Sobald dieser Ausbildungsstand erreicht ist, sollte man aber nicht mehr Minivolleyball spielen, sondern zumindest zum Vierervolleyball (Abschnitt O. II.) übergehen.

IV. Taktische Grundregeln

a) *„Immer diagonal zuspielen, nie senkrecht zum Netz!"*

b) *„Körperstellung immer frontal zum Ball!"*
   — *„Zum Annehmenden hin umdrehen und das Zuspiel erwarten!"*
   — *„Vor dem eigenen Abspiel in die neue Richtung drehen!"*

c) *„In die Mitte des Angriffsraumes zuspielen!" „Besser senkrecht hoch, als zu nahe ans Netz!"*

d) *„Als Steller hoch und parallel zum Netz zuspielen!"*
   „Wer mit dem Rücken oder mit der Flanke zum Netz steht, darf nicht zum Gegner spielen!"
   Er muß mit einem zweiten Zuspiel parallel zum Netz einen günstiger stehenden Nebenmann einsetzen.

e) *„In der Annahme immer auf Lücke stehen!"*
   Der Hinterspieler soll nie genau hinter einem Vorderspieler stehen, sondern — vom Aufschläger aus gesehen — immer seitlich versetzt.

f) *„Abstand von Netz und Grundlinie!"*
   Vorderspieler dürfen bei gegnerischer Aufgabe nicht im toten Winkel des Netzes stehen, Grundspieler nicht zu nahe an der Endlinie, sonst werden Ausbälle angenommen.

L. Schmettern macht Volleyball zum Kampfspiel

Verglichen mit den übrigen Grundelementen des Spiels — Zuspiel, Aufschlag und Block — erfreut sich das Training des Schmetterschlages großer Beliebtheit. Schon die Jüngsten sind mit Feuereifer dabei und üben unermüdlich, bis die ersten harten Schmetterschläge gelingen. Beim Schmettern und bei der Abwehr von Schmetterbällen kann man mit Kraft, Mut und Körpereinsatz Vorteile erkämpfen (und nicht nur mit Genauigkeit, Gewandtheit und Sicherheit). Dies spricht dafür, bei Jungen und im Vereinstraining den Schmetterschlag sehr früh einzuführen und zu trainieren, auch wenn er im Spiel noch nicht oder nur sehr selten angewandt werden kann.

Der Bewegungsablauf beim Schmettern und erst recht die Zeiteinteilung (timing) sind nicht einfach. Eine methodische Übungsreihe und geeignete Übungsformen müssen helfen, das Ziel schneller zu erreichen und häufige Anfängerfehler zu umgehen.

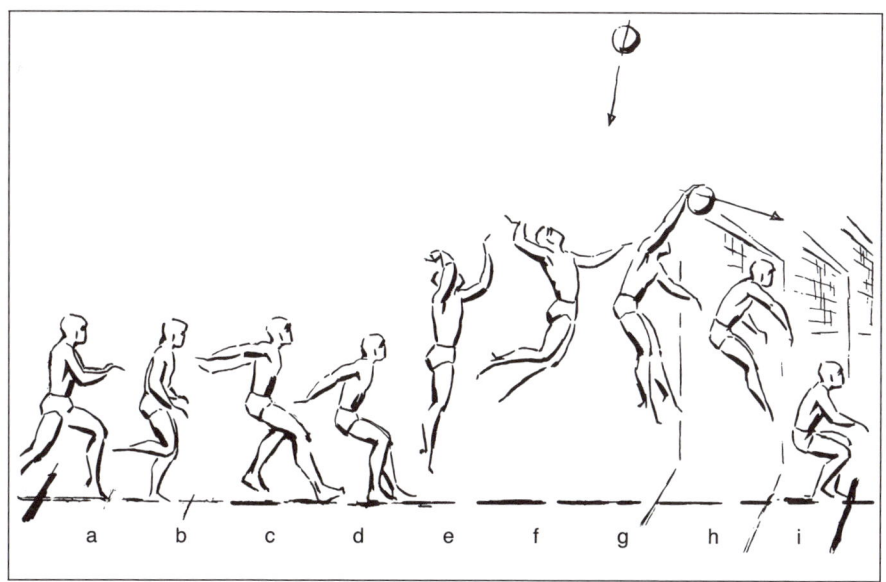

Abb. 57

Foto   a   b   c   d

f   g   h   i

n   o   p   q

u   v   w   x

Abb. 59
Nationalspieler beim frontalen Schmettern
(Stemmschritt links und Nachsetzen rechts ist eine
unübliche Eigenart dieses Spielers).

a—c   Anlauf und Stemmschritt
d—f   Nachsetzschritt
g—l   Absprung mit Armstreckung
m—r   Ausholen zum Schlag
s—u   Schneller Schlag
v—y   Beidbeinige Landung

l   *m*

s   *t*

I. Die richtige Technik

1. Anlauf *(Abb. 57a, b; 59a; 60a—c)*

Anfänger begnügen sich mit einem Angehschritt; Könner machen meist mehrere Anlaufschritte in steigender Schnelligkeit. Die günstigste Anlaufrichtung beträgt 45—60 Grad zum Netz. Der Angehschritt bzw. der letzte Anlaufschritt beginnt vor der Angriffslinie *(Abb. 57a)*, bei den Jüngsten und bei Mädchen auf dieser Linie. Beide Arme sind dabei vorne und, um harmonischer in den folgenden Beidarmschwung zum Ausholen hineinzufinden (b, c), waagerecht vorgestreckt und beinahe in Brusthöhe angehoben.

2. Stemmschritt, Nachsetzen und Sprung
(Abb. 57c—e; Abb. 59b—m, Abb. 60d—i)

Der Absprung erfolgt in zwei rasch aufeinanderfolgenden Takten: zunächst ein flacher und langer Stemmschritt — fast alle Spieler bevorzugen dabei das rechte Bein — dann folgt ein schnelles Nachziehen des anderen Beins. Der Fuß setzt nur wenig später nicht ganz schulterbreit auf; bei der Schrittfolge links-rechts-links schräg vor dem Stemmfuß *(Abb. 60b)*, bei rechts-links-rechts direkt neben ihm *(Abb. 59c)* oder etwas dahinter und beinahe gleichzeitig. Mit dieser Fußstellung kann man beim Schmettern auf Position IV dem Steller zugewandt abspringen, also ohne Körperverwringung und in einer für Rechtshänder günstigen Ausholhaltung. Linkshändern muß aus organisatorischen Gründen und weil sie im Spiel zunächst genau wie Rechtshänder angespielt werden, das schwierigere Ausholen zugemutet werden. Beide Arme schwingen beim Stemmschritt in einer großräumigen Ausholbewegung nach hinten *(Abb. 60e, f)*.

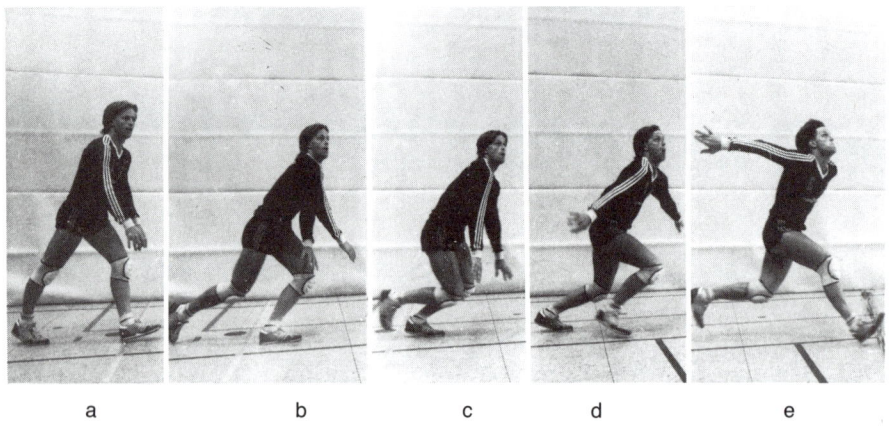

a   b   c   d   e

Abb. 60

Nun beugen die Beine stark ab, und der Körperschwerpunkt schiebt sich über die Sprunggelenke. Beide Arme reißen angewinkelt kraftvoll am Oberschenkel vorbei in die Höhe und unterstützen die explosive Beinstreckung. Der Schultergürtel macht die Aufwärtsbewegung aktiv mit.

3. Beim Ausholen Bogenspannung und angewinkelter Arm *(Abb. 57e, f; 59m—q; 60k)*

Den linken Arm führt der Spieler bis zur Hochhalte weiter und von dort, immer noch gestreckt, ausgleichend wieder abwärts. Mit angewinkeltem Schlagarm holt er aus. Kurz vor dem Schlag liegt seine Schlagschulter tief und zurück und die offene Hand mit ihrer Daumenkante nahe am Ohr. Der Rumpf spannt sich bei dieser Ausholbewegung weit nach hinten; die Unterschenkel hängen nahezu horizontal.

4. Beim Schlag Rumpf und Arm strecken
(Abb. 57g, h; 59r—t)

Der Schmetterschlag beginnt mit einer kraftvollen Rumpfstreckung. Der Oberkörper zieht die Schlagschulter vorwärts und hoch, die Beine klappen beim Schlag ausgleichend nach vorne, manchmal so weit, daß die Fußspitzen in die Nähe der Netzunterkante kommen. Der zunächst gebeugte Schlagarm peitscht wie beim Speerwurf mit vorauseilendem Ellbogen (oder zurückhängendem Unterarm) hoch und streckt sich.

Dann schmettert die offene und im Handgelenk lockere Hand von hinten über den Ball *(Abb. 58)*. Der Schlagarm steht in diesem Augenblick nicht genau in der Senkrechten, sondern schon vor-hoch. Nur solche Spieler, die sehr hoch springen, den Ball schräg vor dem Körper (und nicht genau über

f   g   h   i   k

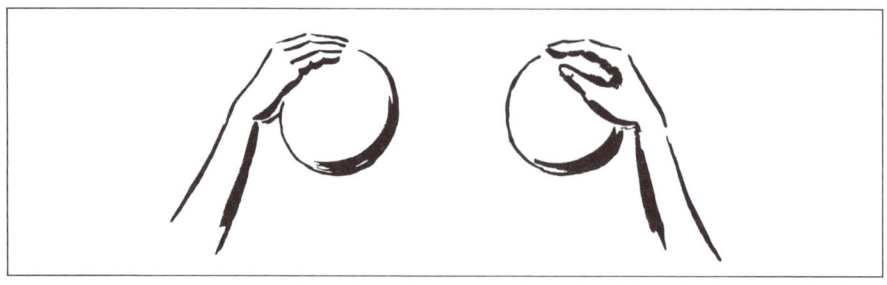

Abb. 58

dem Kopf) treffen, die dazuhin mit lockerem Handgelenk über den Ball schlagen (beim Schlag mit der Faust oder mit angespannten, aneinandergepreßten Fingern ist das Handgelenk fest), können so steil in den Angriffsraum schmettern wie der Nationalspieler auf *Abb. 59.*

5. Beidbeinig landen *(Abb. 57i, k; 59v—z)*

Die Landung erfolgt elastisch und auf beiden Beinen gleichzeitig. Dabei sollen, beim frontalen Schmetterschlag, Gesicht und Brust möglichst zum Netz zeigen.

II. Die häufigsten Fehler

a) *Anlauf:*
Zeitlicher Ablauf (timing) falsch, der Start erfolgt zu früh und führt zu einem zögernden Anlauf oder einer Pause vor dem Absprung.

b) *Absprung:*
Schlußsprung, beide Füße setzen — wie beim Pferdsprung — gleichzeitig auf; einbeiniger Absprung wie beim Hochsprung; Stemmschritt zu kurz oder nicht flach genug; Schwungkraft der Arme wird nicht eingesetzt; Beidarmschwung fehlt; Schlagarm schon beim Anlauf angehoben.

c) *Schlag:*
Arm beim Ausholen gestreckt oder beim Schlag angewinkelt; der Ball wird unterlaufen, das heißt über oder sogar hinter der Körperlängsachse getroffen; Schlag mit festem Handgelenk oder mit der Faust.

d) *Landung:*
Harte, unelastische Landung; auf einem Bein oder mit der Flanke zum Netz.

III. Zwei Hauptprobleme: Timing und Schrittfolge

Begabte Schüler können den Bewegungsablauf erstaunlich schnell nachahmen. Bei ihnen genügen einige gezielte Bewegungsaufgaben zur Formung von Einzelheiten der Bewegung. Den meisten bereiten jedoch zwei Bewegungsmerkmale des Schmetterns große Schwierigkeiten: die beiden letzten Schritte zum Absprung und der richtige Zeitpunkt für den Beginn des Anlaufs. Genau im richtigen Augenblick und an der richtigen Stelle die größtmögliche Höhe für den Schlag zu erreichen, ist tatsächlich nicht einfach. Ursachen sind die Antizipation des Ballflugs — wenn ein Anfänger stellt, erhöht der „Streubereich" die Probleme — und die große Zeitspanne zwischen Start und Aktion. Dazu kommt die spezielle Absprungtechnik, die einen hohen, aber keinesfalls weiten Sprung ermöglichen soll. In unserer methodischen Übungsreihe erleichtern wir das timing durch Verkürzen der Zeitspanne (Sprung aus dem Stand — Kurzanlauf — voller Anlauf), sorgen für ein genaues und gleichförmiges Zuspiel (ruhender Ball — selbst anwerfen, senkrecht zuwerfen — stellen) und erlernen Teilbewegungen der Reihe nach (Ausholen und Schlag im Stand, dann im Sprung und zuletzt im Sprung mit Anlauf).

1. Aufsetzer schmettern *(Abb. 61)*

Mit indirekten Schmetterschlägen, also über den Boden zum Partner oder über Boden und Wand zum Spieler zurück, schulen wir drei wesentliche Bewegungsmerkmale des Schmetterschlags:

— *Die Ausholbewegung*
„Linker Fuß vorn, rechte Schulter zurück!" (Rechtshänder)
„Schlagarm beim Ausholen gewinkelt!" oder
„Beim Ausholen Daumenkante ans Ohr!"

— *Die Schlagbewegung*
„Beim Schlag groß werden!"
„Beim Schlag wird der Arm lang!"

— *Das Überdachen des Balles*
„Hand und Handgelenk locker!"
„Die Hand über den Ball peitschen!"

a) *Aufsetzer zum Partner*
Der Ball soll vom Boden in hohem Bogen zum Partner fliegen (Abstand 6 bis 8 m). Der fängt auf und schmettert ebenso zurück. Die Aufsetzer gelingen nur, wenn jeder richtig anwirft, wenn die Hand locker über den Ball schlägt und diesen nicht von hinten, sondern von schräg oben trifft *(Abb. 58)*.

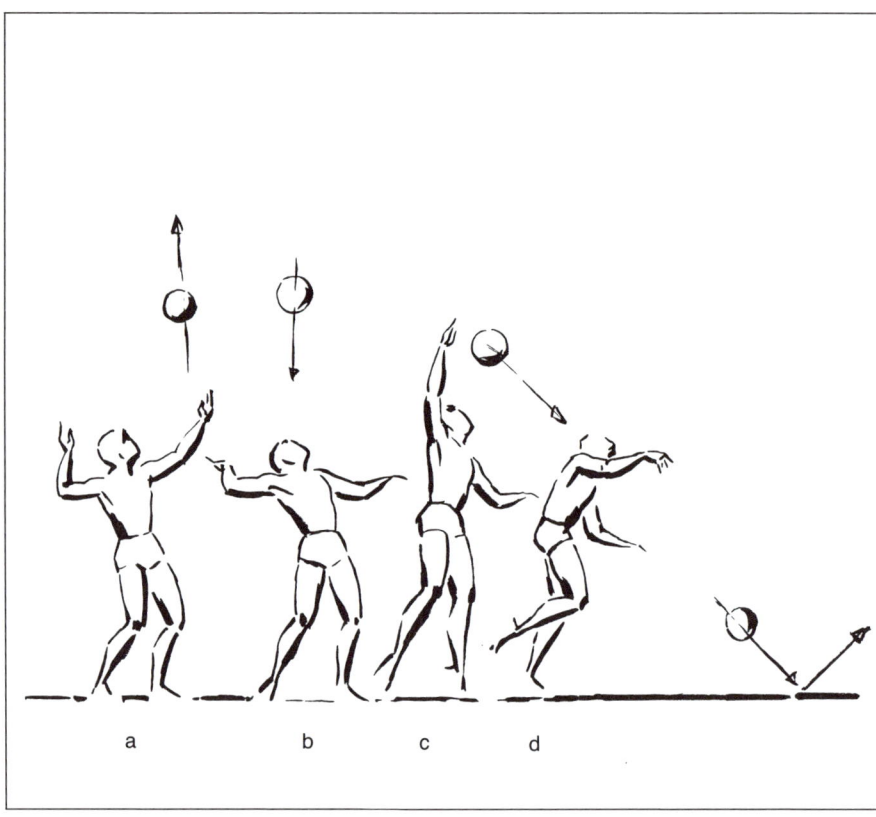

a   b   c   d

Abb. 61

b) **Einschmettern an der Wand**

Bei dieser intensiveren, aber schwierigeren Form steht der Übende 3 bis
4 m vor einer glatten Wand und schlägt den Ball so auf den Boden, daß
er von dort über die Wand in seine Hände zurückspringt; dann erneut
anwerfen und schlagen. Kommt ein Ball hoch und genau genug zurück,
darf man sofort, also ohne Auffangen und Anwerfen, erneut schmettern.
„Wer schafft eine 10er-Serie?"

c) **Aufsetzertore schmettern**

Jeder Teilnehmer (vier bis sechs an einem Tor) wehrt im Hallenhandball-
tor die Schmetterschläge der Mitspieler ab; es wird vom Wurfkreis aus
indirekt geschmettert.
„Wer erzielt das beste Torverhältnis?"

Bei diesen Übungen neigen viele Schüler dazu, den bequemeren und kraftvolleren Schlag mit gebeugtem Arm anzuwenden. Falls Korrekturen nichts fruchten, sollte man gleich die folgenden Übungen am Netz anbieten.

Abb. 62

2. Über das Netz schmettern *(Abb. 62)*

Das Netz ist schräg gespannt; an einem Pfosten in Schulterhöhe eines großen Schülers, am anderen 20 cm niedriger. In jedem Spielfeld üben gleichviele, nach der Körpergröße eingeteilte Spieler. Jeweils zwei oder drei können gleichzeitig nebeneinander schmettern, eine Schwedenbank bildet die Grenze zur Nachbargruppe *(Abb. 63)*.

a) *Aus dem Stand in die Angriffszone schmettern* (Abb. 62)

Die Übenden stehen nahe am Netz, werfen den Ball mit beiden Händen senkrecht an (dies gelingt nicht immer auf Anhieb) und sollen ohne Netzberührung steil in die andere Vorderzone schmettern.

Die beim indirekten Schmettern verwendeten Anweisungen gelten auch hier (S. 89). Wer geschlagen hat, erwartet im eigenen Hinterfeld einen von der Gegenseite kommenden Ball und stellt sich erneut zum Schmettern an. Nicht dem eigenen Ball auf die Gegenseite folgen, sonst bemüht sich niemand darum, Netzberührungen und Fußfehler zu vermeiden.

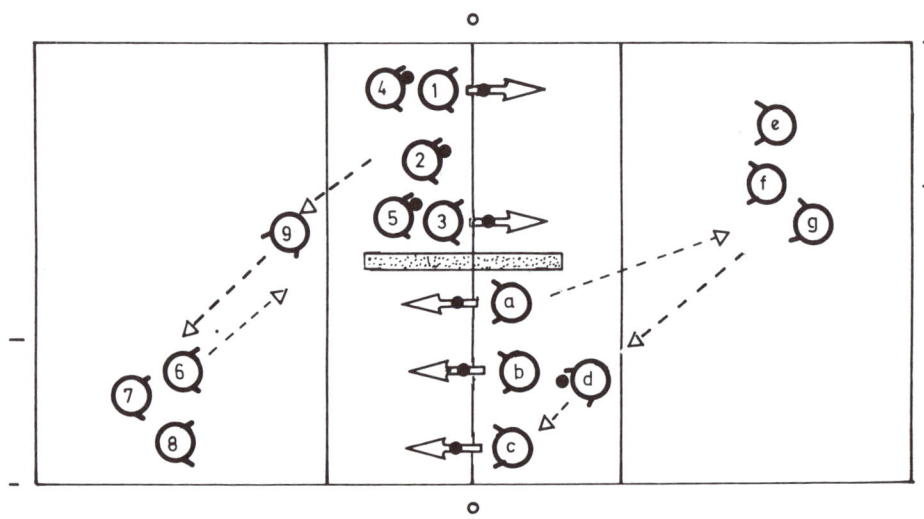

Abb. 63

b) *Im Sprung schmettern*

„Wer zum Schlag hochspringt, kann noch steiler schmettern!"
Bei gleicher Netzhöhe wieder selbst anwerfen — jetzt etwas höher —, dann aus dem Stand hochspringen und schnell zuschlagen.

— *„Vor dem Körper steil anwerfen!"*
— *„Nicht zu nahe am Netz abspringen!"*
— *„Senkrecht springen oder ein wenig vorwärts!".*

Beim eigenen Anwerfen fällt es noch leicht, den fliegenden Ball richtig zu treffen, obwohl der Sprung nun zu einem genaueren timing zwingt.

Wenn die Übenden anfangen, mit gebeugtem Arm zu schlagen, wird das Netz höher gehängt.

3. Den Anlauf erlernen

Damit sich jeder auf die Schrittfolge bei Anlauf und Absprung konzentrieren kann und um das timing-Problem auszuklammern, üben wir zunächst ohne Ball und danach mit „ruhendem" Ball.

a) „Trockenübung" ohne Ball

Durch Lautieren: „und-links-rechts-links!" versuchen wir den zeitlich-dynamischen Verlauf unbewußt einzuschleifen. Die Übenden stehen nebeneinander auf beiden Angriffslinien mit dem Gesicht zum Netz. Sie sollen in drei Schritten zum Netz hin anlaufen:

— „und" = Beide Arme vor (oder vorn in die Hände klatschen);

— „links" = Auftaktschritt, beide Arme schwingen locker weit nach hinten *(Abb. 60c, d);*

— „rechts" = langer Stemmschritt, beide Arme sind gestreckt weit hinten *(Abb. 60e, f);*

— „links" = den anderen Fuß schnell nachsetzen, Armschwung mit gewinkelten Armen und gleichzeitig abspringen *(Abb. 60g, h);*

dann in der Luft einen Schmetterschlag simulieren *(Abb. 57e—h)* und beidbeinig landen *(Abb. 57i).*

Jeder übt zunächst für sich und achtet nur auf die Schrittfolge; dann kommt die Armbewegung dazu und schließlich soll der Gruppenrhythmus beim gemeinsamen Üben alle mitziehen und die Schrittfolge automatisieren.

Eine Seite beginnt: „und-links-rechts-links!" Während diese Gruppe wieder zurückgeht, beginnt die andere in Fortsetzung des gleichen Rhythmus: „und-eins-lang-Sprung". Die Aufmerksamkeit der Übenden und des Trainers gilt wieder zunächst nur der Schrittfolge, dann zusätzlich dem Armschwung beim Ausholen und Abspringen.

Weder das timing noch der Ball und das Bemühen um einen harten Schmetterschlag lenken ab.

Üben ohne Ball wird jedoch bald langweilig; lediglich der Gruppenrhythmus reißt mit und regt zu neuen Wiederholungen an; dann wird das Tempo verschärft und die Aufeinanderfolge beschleunigt (und dadurch eine sehr hohe Belastung erreicht). Oder: „Wer kann im Sprung über das Netz (durch die höchste Maschenreihe) schauen?".

b) Den „ruhenden" Ball schlagen *(Abb. 64)*

Nichts ändert sich, der Ball befindet sich immer in der besten Treffhöhe, gleichgültig zu welchem Zeitpunkt der Übende startet.

Abb. 64

Möglichst viele Bälle; Netz in Reichhöhe; Aufbau und Aufstellung nach *Abb. 64 und 65.*

Der erhöht stehende Spieler (hüfthoher Kasten, zwei Kleinkästen) hält den Ball auf der flachen Hand in die richtige Entfernung über und vor das Netz; für große und sprungkräftige Spieler hoch und etwa 50 cm vor die Netzkante, für kleine niedriger und dichter ans Netz. Die Kästen stehen im Winkel zur Mittellinie und sollen die schräge Anlaufrichtung vorgeben. Die Schüler bleiben nach dem Schlag in ihrem Feld, erwarten einen von der Gegenseite kommenden Ball und werfen ihn zum nächsten Versuch dem Helfer auf dem Kasten zu.

Die Hand des Helfers ist bei dieser Übung nur dann gefährdet, wenn Erwachsene oder ältere Schüler kraftvoll zuschlagen. Sie sollten sich deshalb auf Anlauf und Sprung konzentrieren — dies ist auch das eigentliche Lernziel — und anstatt zu schmettern, einen Lob spielen. Der Einsatz technischer Hilfen (smash-Trainer, Pendelball usw.) ist wegen der zeitraubenden Höhenverstellung für unsere Zwecke unökonomisch.

Ein „passendes" Zuwerfen, also genau unter die Hand des im Sprung schlagbereiten Spielers, entspricht dem ruhendem Ball, ist sogar motivierender, scheitert aber meist am sehr schwierigen Zuwerfen.

4. Absprunghilfen regulieren den Anlauf

Trotz aller Korrekturen und Anweisungen bleiben häufig zwei Fehler:
— ein zu kurzer Stemmschritt,
— eine ungünstige Sprungkurve im Verhältnis zum Ball und zum Netz.
Beide Fehler können wir beim Üben mit ruhendem Ball einfacher beseitigen als später, wenn der fliegende Ball zusätzliche Schwierigkeiten und Ablenkung bringt.

a) *Orientierungsmarken*

Die optimale Schrittlänge und Richtung beim Anlauf, den ausgreifenden Stemmschritt und die ,,Rücklage" vor dem Absprung können wir durch Markierungsscheiben *(Abb. 64),* Klebestreifen oder andere Orientierungshilfen vorgeben. Die Markierungen dürfen keinesfalls wegrutschen und müssen groß genug sein, damit auch die großen und kleinen Spieler mit den mittleren Abständen zurechtkommen.

b) *Das Sprungbrett als Orientierungs- und Absprunghilfe*

Die Mindestlänge des Stemmschrittes liegt fest, wenn die Schüler nach Abb. 65 nur zu diesem Schritt (rechts) und dem folgenden Nachsetzschritt (links) das Brett betreten dürfen und ihre Fußspitzen den schwarzen Randstreifen erreichen sollen. Beim Angehschritt (links) setzt der

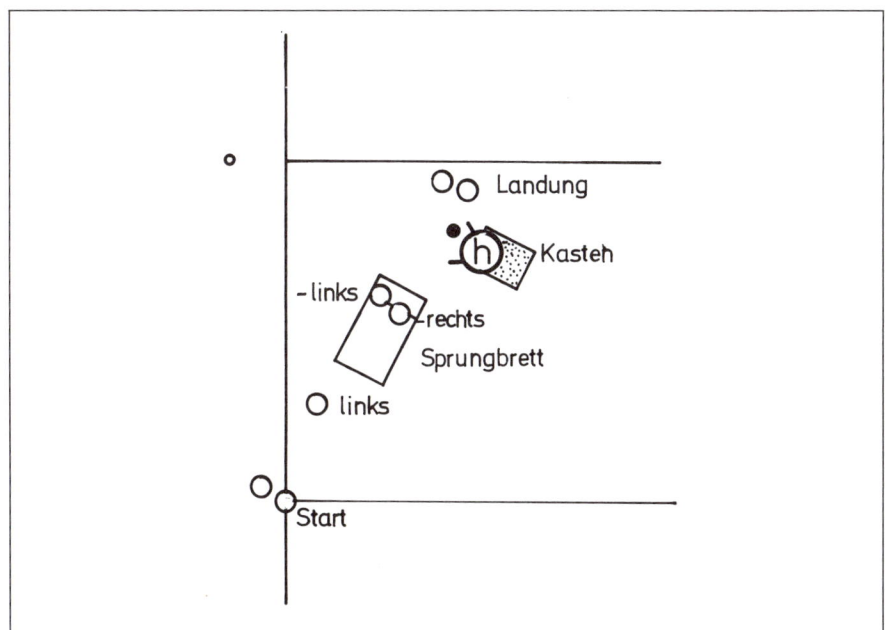

Abb. 65

Fuß je nach Körpergröße und Anlaufgeschwindigkeit 20—80 cm vor dem Brett auf. Legen wir das Brett in die richtige Entfernung und etwas schräg zum Netz und verlangen eine Landung vor der Mittellinie, so ergibt sich von selbst der richtige Anlaufwinkel und die optimale Flugkurve beim Sprung.

Außerdem bringen die erhöhte Absprungstelle und die verstärkte Stemmwirkung schon nach wenigen Versuchen bedeutend größere Sprunghöhen und erlauben den Schülern, die Bewegungen im Flug exakter auszuführen.

Eine Gefahr bei der Landung besteht nur, wenn die Übenden genau senkrecht hochspringen und die richtige Sprungkurve, steil aber dennoch mit Raumgewinn, nicht beherrschen.

5. Der Partner wirft an *(Abb. 66)*

Wenn der Angreifer nahe beim Werfer beginnt und dieser den Ball genau senkrecht und höchstens 3 m hoch anwirft, muß er sich beim Sprung zwar beeilen, aber die Übung ist kaum schwieriger als beim eigenen Anwerfen (S. 92). Die beiden letzten Anlaufschritte — Stemmschritt und Nachsetzen — können die Übenden nun in einem knappen und wenig raumgreifenden Kurzanlauf gut gebrauchen *(Abb. 66)*. Sie kommen mit diesem energischen *„und-Sprung!"* höher und können sogar kleine Ungenauigkeiten beim Anwerfen ausgleichen.

Abb. 66

Je größer der Abstand zwischen Angreifer und Werfer wird, und dies ist notwendig, wenn die Schüler allmählich den gesamten Anlauf in richtiger Schrittlänge anwenden sollen, umso deutlicher tritt die entscheidende Klippe im Lernweg zutage, das richtige timing.

Viele Versuche sind erforderlich, bis jeder den richtigen Augenblick für den Beginn des Anlaufs auf die jeweilige Flugkurve des Balles abstimmen kann, bis jeder zügig anläuft und abspringt und nicht zögernd oder mit einem Halt vor dem Absprung. Es gilt: *„Spät, aber schnell anlaufen!"*

Am besten werfen zunächst der Lehrer und besonders geschickte Schüler zu, damit die Flugkurve des Balles immer gleichartig ausfällt: nicht zu niedrig, dann reicht die Zeit für Anlauf und Absprung nicht aus, aber auch nicht zu hoch, dann ist der Ball schwer einzuschätzen und fliegt zu schnell durch den Schlagbereich der Übenden.

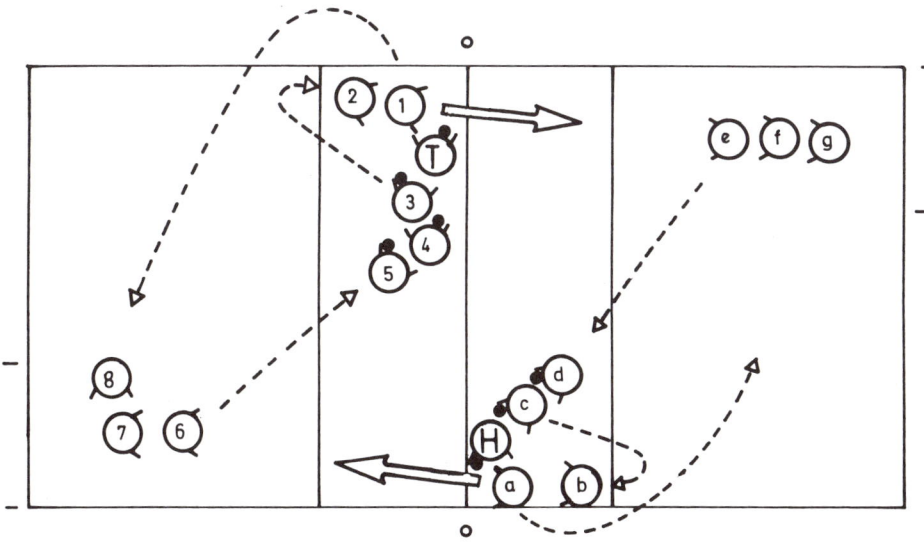

Abb. 67

Damit die Übungsfrequenz bei nur zwei Werfern nicht zu sehr abnimmt, sollten die Übenden dem Werfer den Ball nicht zuwerfen, sondern gemäß Abb. 67 zureichen und sich dann erst zum Schmettern anstellen. Schülern, die sehr lange am richtigen timing herumprobieren, kann man mit einem Startsignal oder mit einem leichten „Anschubsen" wirksam helfen.

6. Mit Steller auf Position IV schmettern

Beim letzten Lernschritt tritt anstelle des senkrechten Anwerfens ein Stellen von Position III auf Position IV *(Abb. 68)*. Damit die Flugkurve des Balles

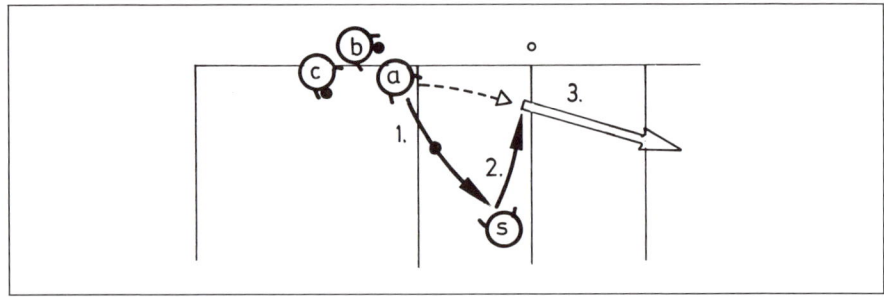

Abb. 68

nicht zu unterschiedlich ausfällt, sollten zunächst nur der Lehrer und besonders geeignete Schüler das Stellen übernehmen.

Die Übenden stehen mit Ball hintereinander auf Position IV. Der erste pritscht (oder wirft) seinen Ball zum Steller auf Position III (mittleres Drittel der Angriffszone). Dieser stellt den Ball steil und besonders weich in die Höhe.

Ehe dann das Schmettern im Spiel gelingt *(Abb. 69)* und die automatisierte Schrittfolge und Schrittlänge variabel genug auf einen oft unerwarteten Ballflug umgestellt werden kann, ist viel Üben und — wenigstens für einen Teil der Gruppe — mancher Rückgriff auf die vorbereitenden Übungen erforderlich.

Abb. 69

M. Block — die wirksamste Verteidigung bei Schmetterschlägen

Selbst reaktionsschnelle und abwehrstarke Spieler können nur selten einen hart und steil nach unten geschmetterten Ball erfolgreich und gezielt abwehren. Fortgeschrittene Mannschaften lassen deshalb den gegnerischen Angreifer nicht ,,frei zum Schuß" kommen, sondern stellen schon am Netz einen Block in die Schlagrichtung. Dabei springen im Regelfall zwei Spieler dicht am Netz hoch (Doppelblock) und halten ihre Hände vor den Ball. Sie greifen dabei möglichst weit über das Netz — beim Block ist dies erlaubt — und schirmen so mit einer breiten und geschlossenen Fläche einen großen Teil ihres Spielfeldes gegen hart geschlagene Bälle ab *(Abb. 71, 70)*.

Da im Anfängerspiel Schmetterbälle noch recht selten vorkommen und auch noch nicht besonders hart und zielsicher gelingen, üben wir den Block in der Grundausbildung nur nebenbei.

Wir beschränken uns auf den Einerblock (Abb. 70) und stellen ihn im Spiel nur dann, wenn dem gegnerischen Steller ein sehr günstiges Zuspiel — hoch und nahe ans Netz — gelingt und ein besonders guter Angreifer des Gegners zum Schmettern anläuft.

I. Die richtige Technik

Die Aufgabe eines Blockspielers ist nicht einfach. Er kann erst dann in Stellung laufen, wenn er den Ort des gegnerischen Angriffs erkannt hat. Er muß versuchen, die Schlagrichtung des Gegenspielers abzuschätzen; dabei können ihm die Art des Zuspiels und das Verhalten des Angreifers, dessen Anlaufrichtung und Gewohnheiten, wichtige Hinweise geben. Seine Abwehraktion muß möglichst nahe am Netz erfolgen, aber nicht so dicht, daß er im Sprung oder bei der Landung das Netz berührt oder einen Fußfehler begeht.

1. Anlauf und Absprung

a) *Ausgangsstellung nahe am Netz*

Blockspieler dürfen höchstens 50 cm vom Netz entfernt auf ihren Einsatz warten. Sie kommen sonst entweder zu spät oder müssen zu schnell in Richtung Netz laufen; wenn sie dann trotzdem nahe am Netz absprin-

Abb. 70   *Abb. 71*

gen, landen sie im Gegenfeld. Genau so nachteilig ist ein Absprung in zu großem Abstand vom Netz, bei dem zwar kein Fußfehler entsteht, aber eine Lücke zwischen Händen und Netz bleibt. Erreicht der Blockspieler den Ball, wird er ihn meist zwischen Netzfläche und Körper ablenken und dem Angreifer so zu einem sicheren Erfolg verhelfen.

b) *Stemmschritt und Nachsetzen wie beim Schmettern*

Der Anlauf zum Einerblock — er ist selten länger als 2 m nach links oder rechts — ähnelt den letzten beiden Schritten beim Schmetterschlag: der vorletzte Schritt ist ein Stemmschritt und dann folgt ein Nachsetzen in eine etwa schulterbreite Seitgrätschstellung mit sofortigem Absprung. Zwei wesentliche Unterschiede sind zu beachten: — Die beiden Schritte erfolgen beinahe parallel zur Mittellinie, und die Körperstellung bleibt dabei nahezu frontal zum Netz. Der Stemmschritt führt also mehr zur Seite und nicht genau nach vorne. — Auch im Absprung muß sich der Blockspieler eine beim Schmettern wichtige Teilbewegung abgewöhnen. Er darf nicht mit langen Armen ausholen, weil dann beim anschließenden Hochschwingen der Arme das Netz mit nach oben gerissen würde, sondern soll Hände und Arme dicht vor der Brust nach oben stoßen.

Die Schrittfolge und Absprungtechnik des Mittelspielers beim Doppelblock auf einer Außenposition bleibt künftigen Übungsstunden, dann als wesentlichster Teil des Blocktrainings, vorbehalten.

c) *Rechtzeitig abspringen*

Der Blockspieler springt erst hoch, wenn der Angreifer schon den Boden verlassen hat. Die Verzögerung wird besonders deutlich, wenn der Gegner aus großer Entfernung vom Netz angreift.

2. Körperhaltung und Fingerstellung

a) *Nicht das Netz berühren*

Der leicht gewinkelte Körper und die schräg aufwärts gestreckten Arme machen es möglich, weit über das Netz zu greifen, ohne es bei der Landung zu berühren *(Abb. 70)*. Über die Stellung der Hände zum Ball und zum Angreifer und ebenso über das Vorklappen beim aktiven Block, mit dem der Ball gleich ins Gegenfeld zurückgeschlagen wird, erhält der Fortgeschrittene später genaue Anweisungen.

b) *Für den Anfänger genügen drei Grundregeln*

— Keinesfalls gegen den Ball schlagen, sondern die Hände „passiv" in die Flugrichtung des Balles halten.
— Die Finger strecken und locker spreizen.
— Beide Hände stehen nebeneinander in etwa $1/2$ Ballbreite Abstand.

II. Die häufigsten Fehler

a) Der Spieler erwartet den gegnerischen Angriff in zu großem Abstand vom Netz.

b) Er springt zu weit, fällt beim Sprung nach vorne ins Netz oder begeht einen Fußfehler; beim Sprung zur Seite wird er später beim Doppelblock unsanft mit seinem Partner zusammenstoßen und schlimmstenfalls bei der Landung sogar eine Knöchelverletzung verschulden.

c) Er schwingt die Arme wie beim Schmettern gestreckt hoch und berührt dabei häufig das Netz.

d) Der Spieler schlägt unkontrolliert in Richtung Ball und wird dabei immer dann das Netz berühren, wenn die Hände den Ball nicht treffen.

e) Er hält die Arme senkrecht in die Höhe und wird entweder mit dem Oberkörper das Netz berühren oder muß zu weit vom Netz, und damit ohne Erfolgsaussichten, blockieren.

f) Der Spieler läuft zu früh zur Absprungstelle, wartet dort und springt ohne den Anlauf auszunützen, aus dem Stand ab.

g) Der Absprung erfolgt zu früh. Die Hände sind schon wieder unter der Netzoberkante, wenn der Ball ankommt.

III. Übungsformen

1. Einerblock am „ruhenden" Ball *(Abb. 72)*.

Auf einer Netzseite stehen am Netz entlang bis zu sechs Helfer in gleichen Abständen auf Schwedenbänken. Jeder hält mit beiden Händen einen Ball über das reichhohe Netz. Auf der anderen Seite springen die Übenden (1—8) nacheinander vor jedem Ball zum Einerblock. Der folgende beginnt, wenn sein Vordermann beim dritten Ball blockt.
- *„Die Hände breit vor den Ball halten!"*
- *„Hände und Finger nicht zu eng!"*
- *„Nicht nach dem Ball schlagen!"*
- *„Weiter Stemmschritt und schnell nachsetzen!"*
- *„Vor jedem Versuch einen halben Schritt zurück!"*

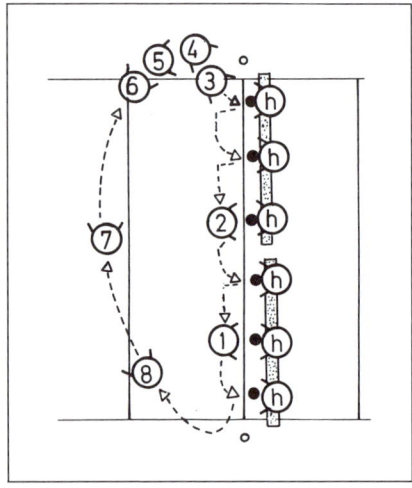

Abb. 72

Abb. 73

Nach drei Durchgängen wechseln die Übenden mit den Helfern. Die Aufgabe wird schwieriger, wenn die Helfer den Ball höher und senkrechter halten und die Blockierenden voll ausspringen und weit über das Netz greifen müssen, um die Hände eben noch in Ballnähe bringen zu können.

2. Den Ball über das Netz reichen *(Abb. 73)*

Die richtige Armführung — dicht am Körper in die Höhe — stellt sich bei dieser Übung ganz von selbst ein.

Das Netz ist auf der einen Seite 10 cm über der Reichhöhe eines großen Schülers, am anderen Pfosten 20 cm niedriger eingehängt und schräg gespannt. Je zwei gleichgroße Partner suchen sich nun die passende Netzhöhe und stehen sich dicht am Netz gegenüber. Beide springen gleichzeitig ab und reichen sich abwechselnd einen Ball über dem Netz zu.

— „Nicht werfen, sondern in die Hände geben!"
— „Den Ball weit ins Gegenfeld halten!"

3. Angriff und Block simulieren

Zwar ohne Ball, aber dennoch sehr spielnah und anstrengend läuft die Blockübung gemäß *Abb. 74* ab. Auf jeder Angriffsposition beginnen mindestens drei Angreifer (1, 4, 7 usw.), an einer Seitenlinie 5 bis 10 Blockspieler.

Auf ein Zeichen des Blockspielers (a) — z. B. den Pfosten berühren — läuft der erste Angreifer auf Position IV an (1) und simuliert einen Schmetterschlag; a springt zum Einerblock in der angedeuteten Schlagrichtung. Die Landung des Blockspielers ist das Startsignal für den Angreifer auf Position III (4), und a muß schnell dort einen Block stellen. Das gleiche wiederholt sich beim Angriff auf Position II (7). Und gleich oder sogar vorher kann der nächste Blockspieler beginnen. Angreifer und Blockspieler wechseln nach einigen Durchgängen oder gemäß *Abb. 74*.

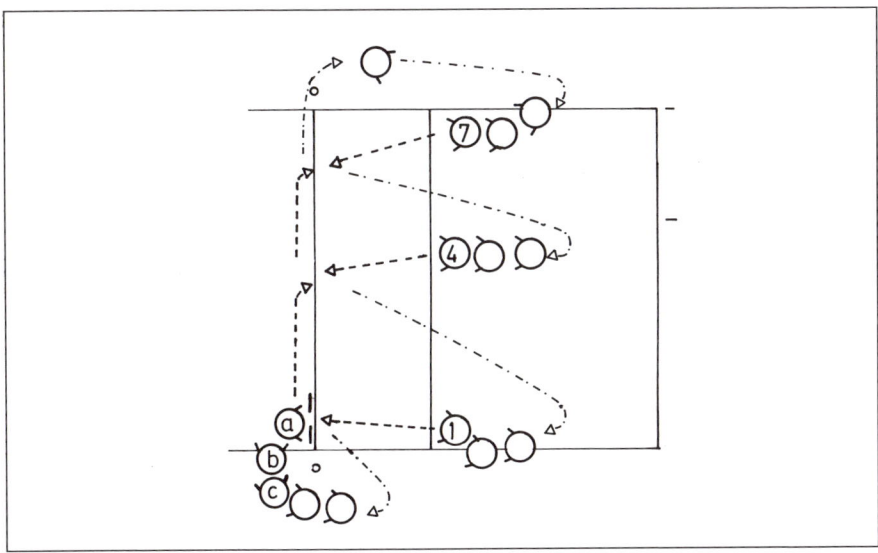

Abb. 74

4. Schmettern und Blocken gehören zusammen

Genau wie im Wettkampf sollten auch im Training Schmetterschlag und Block gleichzeitig geschult werden. Bei Anfängern sind diese komplexen Übungsformen allerdings erst dann angebracht, wenn die Schmetterschläge hart und sicher gelingen. Solange sowohl Angreifer als auch Blockspieler zu häufig und unkontrolliert die Mittellinie überschreiten — besonders bei zu „dicht" stehenden Bällen — und den Gegenspieler bei der Landung gefährden, sollte man Angriff und Block getrennt üben lassen.

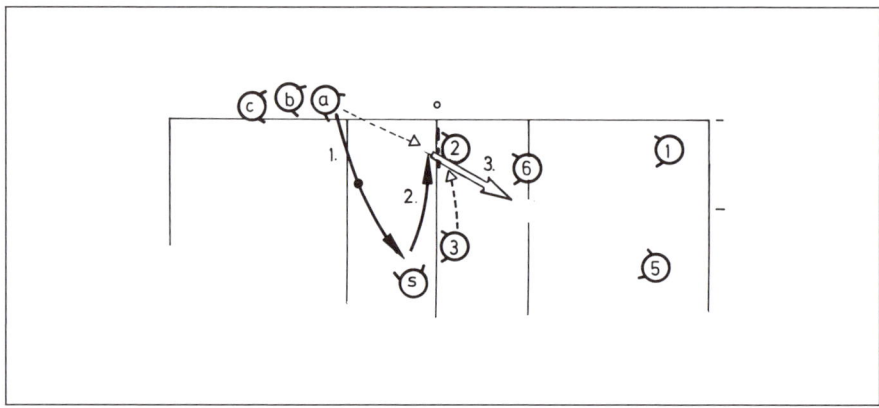

Abb. 75

Eine Komplexübung ist als Beispiel angeführt, auch wenn sie in der Grundausbildung nicht oft zu verwerten sein wird. Gemäß *Abb. 75* hat jeder Spieler der Reihe nach folgende Aufgaben zu erfüllen: den Ball zum Steller pritschen (1.); den gestellten Ball (2.) am Doppelblock vorbei oder über ihn weg ins Gegenfeld schmettern oder einen Lob im Bogen hinter den Block spielen (3.). Nach dem Angriff den Platz des Mittelblockers (3) einnehmen. Dieser rückt nach außen und beide stellen beim folgenden Angriff einen Doppelblock. Dann als Außenspieler (2) nochmals blocken, danach die Blocksicherung übernehmen (6) und schließlich als Abwehrspieler einen Teil des Hinterfeldes abdecken (1, 5). Zuletzt einen Ball holen und in der Reihe der Angreifer anstellen (b, c). Die Steller bleiben eine Zeitlang auf ihrer Position oder sind, in der schwierigeren Version dieser Übung, in den Platzwechsel einbezogen.

Bei hoher Teilnehmerzahl üben wir ebenso in der Gegenrichtung und besetzen alle Positionen mit einem überzähligen Spieler, damit die Aktionen schneller aufeinander folgen können.

IV. Vorteile und Schwierigkeiten bei den Komplexübungen

In den zusammengesetzten Übungen werden gleichzeitig oder unmittelbar nacheinander mehrere Grundelemente des Spiels von einer Gruppe gemeinsam geübt (Komplexübung). Es können ganze Spielzüge schematisch geprobt und das technisch und taktisch richtige Verhalten des Einzelspielers und der Mannschaft im Wettkampf vorbereitet werden (Spielphasenübung).

Die Spieler lernen dabei, die Grundelemente situationsbedingt anzuwenden, z. B. schnell zu entscheiden, welche Zuspielart am zweckmäßigsten ist. Sie versuchen, rationell und kraftsparend zu spielen und dennoch vorausschauend jede Einsatzmöglichkeit zu erkennen und entschlossen zu nutzen. Mannschaftsdienlich stimmen sie ihr Verhalten und ihre Handlungen auf die Mitspieler ab und bemühen sich, durch erhöhte Aufmerksamkeit und größere Einsatzbereitschaft mögliche Fehlleistungen der Mannschaftskameraden auszugleichen und Fehler zu verhindern.

Einige Nachteile der Komplexübungen begrenzen die Anwendungsmöglichkeiten: Die Übungsintensität wird meist vermindert, besonders dann, wenn unsichere Spieler die Übungskette durch Fehler häufig unterbrechen. Die Übungen benötigen meist sehr viel Platz. Die Grundaufstellung der Spieler und ihr Platzwechsel nach jedem Versuch sind oft kompliziert und zeitraubend.

N. Annahme —
Schlüssel für den Spielerfolg

Dies gilt nicht nur bei Anfängern, sondern bis hin zu Spitzenmannschaften; bei den ersten Spielen auf dem regulären Feld stellt die im Vergleich zum Aufschlag weit zurückhängende Annahmetechnik das entscheidende Hemmnis dar. Bis zu 40 % aller Spielhandlungen sind im Anfängerbereich nach den ersten beiden Ballberührungen (Aufschlagfehler und mißglückte Annahme) schon abgeschlossen. Diese Dominanz des Aufschlags können wir zwar durch eine ganze Reihe von Regeländerungen und Vorschriften zurückdrängen (Abschnitt O. II. und P. III.), auf lange Sicht hilft jedoch nur ein intensives Annahmetraining.

I. Die richtige Technik *(Abb. 76)*

Beim Annahmebagger entsprechen Körperhaltung und Armhaltung dem schon vorgestellten Zuspielbagger *(Abb. 32, 34)*. Einige besonders wichtige Bewegungsmerkmale sind bei der Annahme zusätzlich zu beachten:

1. Den der Seitenlinie näheren Fuß vorsetzen

Es wird immer in die Aufbauzone gebaggert, entweder zur Netzmitte (Position III) oder in das rechte Drittel (zwischen Position II und III), deshalb: *„Den äußeren Fuß vor!"*

2. Bereitschaftshaltung

Beine und Körper sind nur leicht gebeugt, denn es sollen kleine Ortswechsel möglich bleiben (dies ist aus einer tiefen Abwehrhaltung schwierig).

3. Körpergewicht vorn

Hauptsächlich die Fußballen sind belastet (ohne daß die Absätze dabei vom Boden abheben). Die Reaktionsbereitschaft ist dadurch bis zum letzten Augenblick gewährleistet.

4. Armspannung

Die Schultern sind bei der Annahme vorgeschoben, die Arme angespannt und weit vorgestreckt. Wie ein einziger, fester Körperteil (Spielbrett) werden die Arme nun in die Flugkurve des Balles gehalten. Er soll von den Unterarmen hoch nach schräg vorne abprallen. Damit die Arme genau an die richtige Stelle kommen, sind oft Korrekturbewegungen im letzten Augenblick erforderlich: schnelle und kurze Schritte seitlich oder nach vorn, manchmal auch ein Fallen oder ein schnelles Hinknien (Knieschützer).

5. Annahme immer mit Zuruf
Es empfiehlt sich, den kurzen Zuruf: „Ich!" als einen Teil der Annahmetechnik — wie die offene Schrittstellung oder die aneinandergelegten Unterarme — zu lehren und bei jeder Annahme zu fordern.

6. Bei leichten Bällen mit Streckung
Weiche Aufschläge prallen nicht weit und hoch genug von den Unterarmen ab. In solchen Fällen ist, wie beim Zuspielbagger *(Abb. 24)*, eine Beinstreckung zum Steller hin notwendig.

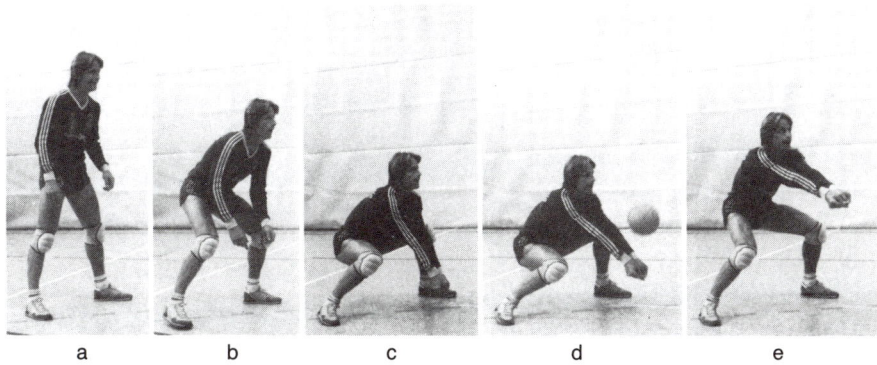

a   b   c   d   e

Abb. 76

II. Häufige Fehler

Neben den schon beim Zuspielbagger aufgezählten Fehlern treten folgende Mängel besonders häufig auf:

1. Fehlende oder falsche Bereitschaftshaltung
Meist zu aufrechtes Stehen, unaufmerksam und mit hängenden Armen.

2. Falscher Fuß vorn
Es muß „um das vordere Bein herum" zum Steller gebaggert werden.

3. Aktiver Armschwung
Die Schüler schlagen gegen den Ball und baggern ihn hart gegen die Decke.

4. Verspätete oder zögernde Reaktion
Oft genug sind Zweifel an der Zuständigkeit die Ursache.

5. Fehlender Zuruf
Es ist häufig, daß zwei Spieler gleichzeitig reagieren und gleichzeitig ihre Absicht zur Annahme andeuten; daß beide genau gleichzeitig rufen, ist jedoch sehr viel seltener.

6. Reagieren und dann „wegbleiben"
Wer gerufen hat und wer reagiert hat, muß annehmen, auch wenn es sich im letzten Moment herausstellt, daß der Nebenmann eine günstigere Ausgangsposition gehabt hätte.

7. Falscher Standort im Riegel
Jeder Spieler muß sofort seinen Platz in der Annahmeformation einnehmen und darf keinesfalls damit bis zum letzten Augenblick warten.

III. Übungsformen

1. Aufschlag und Annahme als Partnerübung

Die Partner schlagen von den Seitenlinien des Volleyballfeldes und deren Verlängerung über die 2,5 m hohe Längsleine; bei geringer Spielerzahl (bis 12) schlagen sie aus 6 m Entfernung über das Netz. Jedes Paar hat einen Ball und übt selbständig.

Abb. 77

Der Partner baggert den anfliegenden Ball hoch, fängt ihn auf und schlägt dann selbst auf.

a) *Aufschlag — Annahme — Stellen*

Aufstellung und Platzwechsel nach *Abb. 77;* 6 bis 18 Teilnehmer; Netz in Wettkampfhöhe oder bis zu 20 cm höher. Aufgeschlagen wird von einer 5 bis 6 m vom Netz eingezeichneten Aufschlaglinie *(Abb. 77, 78).* Alle zum Aufschlag bereitstehenden Spieler haben Bälle. Sie schlagen nacheinander auf und sollen den Annahmespieler im Gegenfeld genau treffen. Dieser baggert zum Steller im Angriffsraum. Der Steller fängt den Ball auf und geht zur Aufschlaglinie im eigenen Feld *(Abb. 77)* oder er pritscht zuerst gemäß *Abb. 78* parallel zum Netz in die Höhe (wie beim Zuspiel zum Schmettern) zu einem dort bereitstehenden Spieler (d), nimmt dessen Platz ein und geht danach zum Aufschlag ins Gegenfeld.

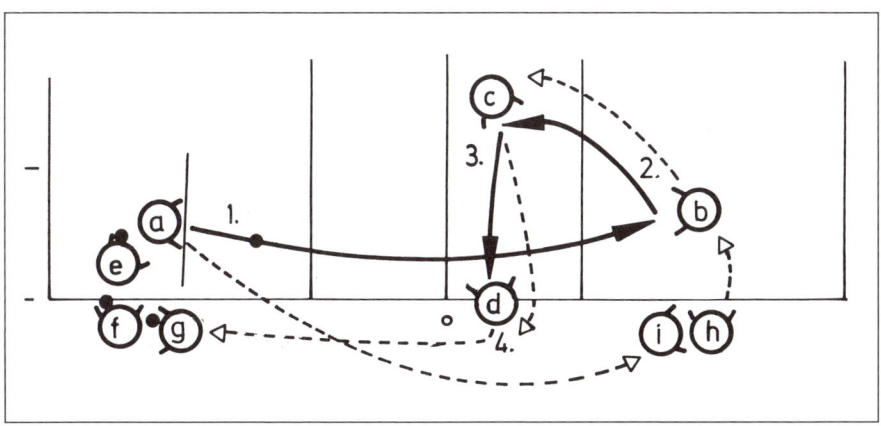

Abb. 78

Bei großer Teilnehmerzahl stehen von Anfang an auf allen Positionen zwei oder drei Spieler bereit, damit in schneller Folge aufgeschlagen werden kann.

Die Übungsform entspricht der wohl häufigsten Spielsituation und sollte deshalb oft im Training auftauchen.

b) *In Ziele baggern (Abb. 79)*

In jeder Aufgabezone beginnen einige Spieler mit Ball (1, 2, 3 und a, b, c), schlagen nacheinander auf und sollen sich bemühen, den Annahme-spieler im Gegenfeld (4, d) zu treffen. Dieser Spieler (in einer schwierige-ren Version dieser Übung zwei oder mehr Spieler) nimmt an und soll hoch ins Ziel baggern. Ziele sind z. B. zwei nebeneinander mittels Kastendeckel schräg gestellte, offene Langkästen (K) oder eine auf einem hohen Kasten liegende Blaumatte (M). Der Platzwechsel erfolgt gemäß *Abb. 79* im eigenen Feld oder auf einem längeren Weg ins Gegenfeld (vergl. *Abb. 78*).

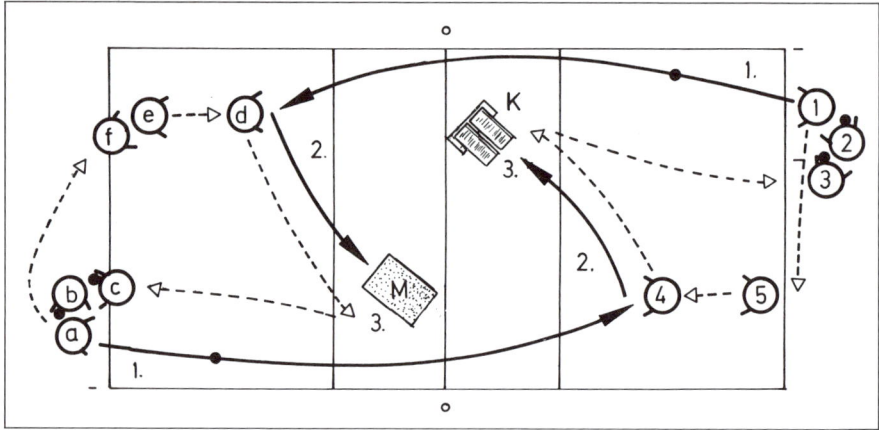

Abb. 79

IV. Aufschlagspiele

1. Aufbau, Spielfelder und Mannschaften

a) *Große Teilnehmerzahl*

Längsnetz oder Baustellenband *(Abb. 80)* in Wettkampfhöhe oder bis zu 20 cm höher (Aufbau nach Abschnitt Q. I.). Bei einer Flächenaufteilung nach *Abb. 80* entstehen in der Normalturnhalle sechs Spielfelder.

Jede Annahmepartei besteht aus drei oder vier Spielern. Den Aufschlag besorgen ein oder zwei Spieler von einer Aufschlaglinie aus *(Abb. 80 mit schwarzer Hose, Abb. 81 a und 1)*.

b) *Kleine Teilnehmerzahl (bis zu 14)*

Reguläres Feld; Netz in Wettkampfhöhe. Zwei Blaumatten dienen als Aufschlagmarken und eventuell als Ziele für die Angreifer *(Abb. 81)*. Das Annahmefeld ist durch Kreidestriche oder Klebestreifen markiert (6 auf 6 m) oder wird behelfsmäßig durch die Blaumatte, Endlinie und Seitenlinie abgegrenzt (6 auf 9 m).

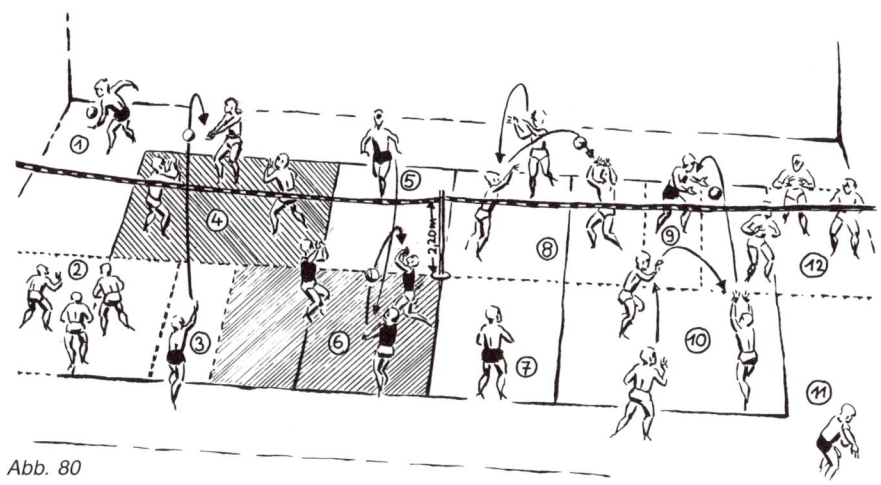

Abb. 80

2. Spielgedanke

Jeder Aufschläger hat z. B. zehn Versuche. An die Annahme und an das Rückspiel der Annahmepartei sind nun, je nach Können der Teilnehmer, unterschiedlich schwierige Forderungen geknüpft:

a) **Annahme wie bei „Volleyball mit Auffangen"**

Der Annehmende muß baggern, der Steller fängt auf und wirft oder rollt den Ball zurück.

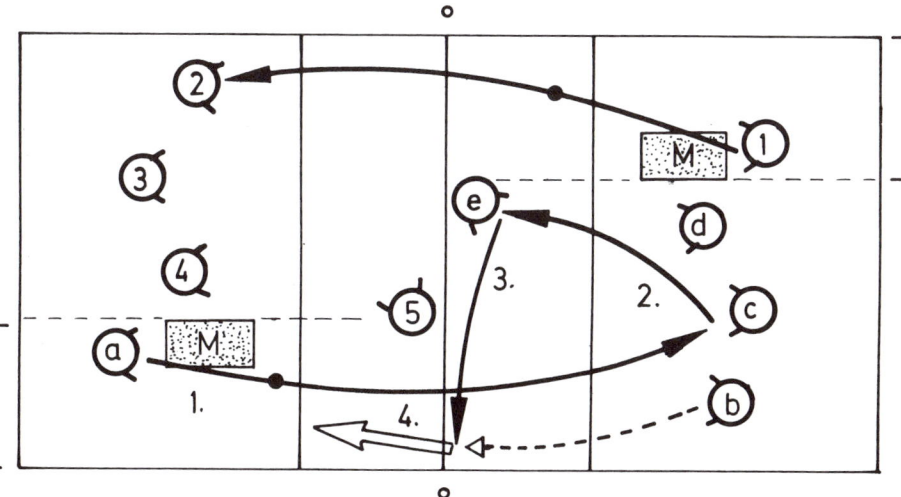

Abb. 81

b) **Annahme in die Aufbauzone**

Der Steller darf den Ball nicht irgendwo im Feld auffangen, sondern nur in einer abgegrenzten Zone:
— In der Angriffszone
— auf einer Blaumatte,
— in einem Gymnastikreifen (ein Fuß mit Bodenkontakt im Reifen),
— auf einem Kastendeckel (Kleinkasten).

c) **Rückspiel durch Pritschen**

Die Annahme darf nur durch Baggern, das Rückspiel zum Aufschläger nur durch reguläres Pritschen geschehen. Ein zweites Abspiel im eigenen Feld ist möglich (siehe *Abb. 82A*).

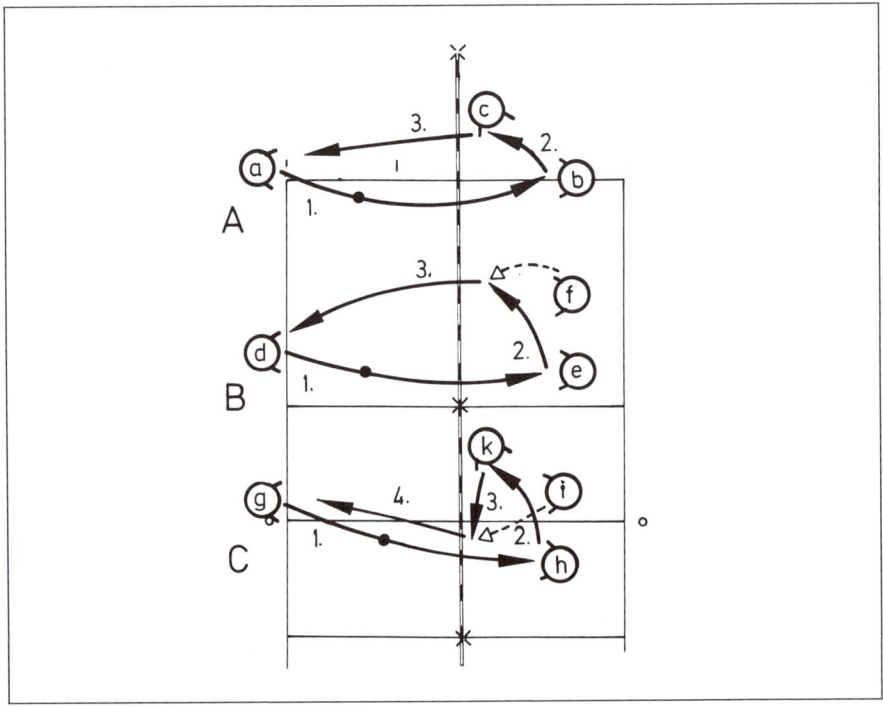

Abb. 82

d) **Drei Ballberührungen sind verlangt**

Erst der ,,dritte Ball" darf über die Leine und soll die Matte treffen *(Abb. 81)*. Wie das Dreieckspiel *(Abb. 45)* schult diese Spielform alle im Wettspiel wesentlichen Verhaltensweisen.

112

e) Der Letzte muß schmettern

Diese Form ist beim jetzigen Ausbildungsstand noch nicht brauchbar, sollte aber in der auf *Abb. 81* dargestellten Art und Weise später häufig im Übungsplan auftauchen.

Der vom Aufschläger kommende Ball (1.) wird nach vorn gebaggert (2.), das folgende Zuspiel im eigenen Feld erfolgt im Pritschen (3.). Wer das Rückspiel zum Gegner ausführt (b), muß im Stand oder Sprung schmettern; sehr gute Spieler müssen dabei die Matte treffen.

f) Annehmen oder Stellen (Abb. 82B)

Wer nicht annimmt, muß schnell ans Netz laufen (f) und dort den Ball auffangen oder dort stellen oder zum Aufschläger zurückpritschen (3.).

g) Annehmen oder Angreifen (Abb. 82C)

Wer nicht annimmt (i), erhält das Zuspiel des Stellers (k) und muß im Sprung zum Aufschläger pritschen (4.).

3. Wertung

a) Jeder gültige Aufschlag und zusätzlich jeder Fehler der Gegenpartei bei Annahme oder Rückspiel zählen für den Aufschläger. Nach zehn Aufschlägen wird gemäß Abb. 81 gewechselt: a nimmt den Platz von b ein, alle Annahmespieler rücken einen Platz weiter, d wird Steller, und dieser (e) wechselt zum Aufschlag. Ein Aufschläger kann also maximal 20 Punkte erzielen; wer die höchste Punktzahl erreicht, ist Sieger.

b) Der Wechsel erfolgt nicht regelmäßig nach zehn Aufschlägen, sondern erst — oder schon — nach dem ersten Aufschlagfehler.

c) Aufschlagfehler und erfolgreiches Rückspiel bringen der annehmenden Partei Punkte, mißlungenes Rückspiel zählt für den Aufschläger. Ein Durchgang kann also im besten Fall 10:0 für den Aufschläger enden, kann jedoch auch jedes Zwischenresultat bis zum 0:10 (bei sehr guter Annahme oder besonders schwachen Aufschlägen) bringen. Bei gleichem Spielstand entscheidet ein Stechen. Da mit dieser Regelung härtere und gewagtere Aufschläge gefördert werden, wenden wir sie nur bei Fortgeschrittenen an.

4. Taktische Grundregeln

Die bei den Aufschlagspielen wesentlichen Verhaltensweisen sind:

a) Reaktionsbereite Körperhaltung, volle Aufmerksamkeit und versetzte Aufstellung im Feld:

— ,,Bereitschaftshaltung einnehmen und den Aufschläger beobachten!"

— *„Jeder deckt seinen Sektor!"* und *„Nie genau hinter dem Vordermann stehen!"* (oder *„Auf Lücke stehen!"*)

— *„Die Feldmitte eng decken!"* (oder *„Abstand vom Netz und von den Linien!"*)

b) Schnell und unmißverständlich reagieren (Zuruf) und sofort in eine günstige Stellung zur Annahme laufen.

Als Nebenspieler den Annehmenden sichern, sich also zu diesem hin orientieren, um bei einer verunglückten Annahme unverzüglich eingreifen zu können.

— *„Wer reagiert, muß nehmen!"*

— *„Wer nicht annimmt, muß sichern!"*

— *„Rufen verhindert Mißverständnisse!"*

c) Der Annehmende soll hoch abspielen, schräg nach vorne und keinesfalls zu dicht ans Netz. Der Steller darf nicht am Netz „kleben", sondern soll sich anbieten, d. h. in einen für den Annehmenden günstigen Winkel und Abstand vom Netz laufen.

„Sich aktiv anbieten!"

d) Der Steller soll den zweiten Paß hoch und parallel zur Leine oder etwas näher zu ihr hin spielen. Sein Ball soll vor den Mann fliegen, also zwischen Leine und Nebenspieler herabkommen:

— *„Zwischen Angreifer und Netz (Leine) stellen!"*

— *„Hoch genug und nie zu dicht dran stellen!"*

e) Beim Paß zum Gegner muß der Spieler gleichzeitig den Ball und die Leine bzw. das gegnerische Feld sehen können.

Es lohnt sich, die Schüler immer wieder auf die eine oder andere dieser wichtigen Verhaltensmaßregeln hinzuweisen; dies erleichtert den Übergang zum richtigen Wettspiel ganz erheblich.

O. Die schwierige Umstellung auf das Normalfeld

Der Schritt vom *Minivolleyball* zum Spiel auf dem regulären Feld ist groß. Die technischen und ebenso — oder noch mehr — die taktischen Anforderungen an jeden Spieler steigen unvermittelt ganz erheblich. Nur besonders spielstarke Gruppen und auch Mannschaften, in denen einige erfahrene Spieler die Regie übernehmen können, schaffen den Übergang problemlos in wenigen Spielstunden.

Normalerweise müssen wir mit *Vierervolleyball* oder zumindest durch Sonderregeln diesen übergroßen Lernschritt verkleinern und erleichtern.

I. Viervolleyball

Im Wettkampfprogramm des DVV ist seit 1985 für Elf- bis Zwölfjährige (den jüngeren der beiden D-Jugend-Jahrgänge) *Vierervolleyball* vorgesehen: Der Verband will mit *Vierervolleyball* einen für diese Altersgruppe ansprechenden Wettkampf anbieten, in dem unter erleichterten Bedingungen das technische und taktische Können verbessert und angewendet werden kann und der gleichzeitig den Weg zum Zielspiel ebnet.

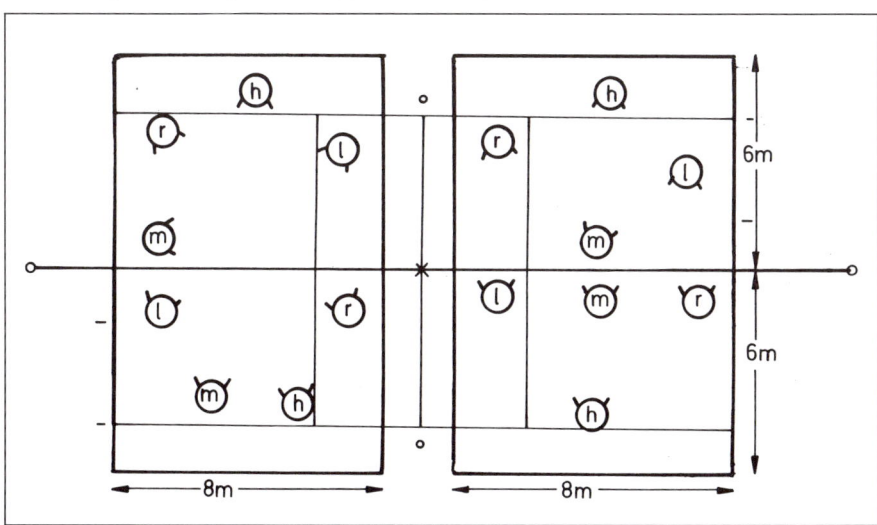

Abb. 83

Die Spieler können beim *Vierervolleyball* insgesamt mit weniger Kraft, Übersicht, Mit- und Vorausdenken das Spiel bewältigen als in Sechsermannschaften auf dem Großfeld. *Minivolleyball* ist ein Spiel für das erste Trainingsjahr und meist auch noch für das zweite; im dritten Trainingsjahr würden die zu geringen Möglichkeiten im Spielaufbau, Angriff und in der Abwehr die Spielfreude beeinträchtigen. *Vierervolleyball* schließt also in Schule und Verein eine Lücke zwischen *Minivolleyball* und dem Zielspiel.

1. Spielregeln

a) Es spielen jeweils vier Spieler in einer Mannschaft.

b) Die Spielfeldgröße beträgt 8 m in der Breite und 6 m in der Tiefe *(Abb. 83)*.

c) Drei Spieler sind Vorderspieler, der Aufschläger darf ausschließlich als Hinterspieler fungieren und unterliegt den diesbezüglichen Regeln für Block und Angriff.

d) Die Rotation verläuft wie beim regulären Spiel.

e) Die Netzhöhe beträgt 2,10 m (weiblich) bzw. 2,15 m (männlich).

2. Spielfeld und Geräte

Auch *Vierervolleyball* kann in den meisten Hallen im Querbetrieb gespielt werden *(Abb. 83)*. Meist erübrigt sich das Kleben zusätzlicher Linien, wenn Markierungen anderer Spiele als Grundlinie oder die Bodenfläche der Halle etwa ein 6-m-Feld ergeben. In diesem Fall muß nur je eine Seitenlinie (1 m neben der Mittellinie) abgeklebt werden. Voraussetzung ist nun jedoch das Längsnetz; Längsleine oder Baustellenband sind nicht mehr brauchbar, wenn geschmettert und geblockt wird.

3. Technik und Taktik

Spielfeldmaße, Mannschaftsstärke und Netzhöhe ergeben nun schwierigere technische und taktische Bedingungen als beim *Minivolleyball;* besonders Stellen, Schmettern und Einerblock, aber auch das Abwehrverhalten des freien Netzspielers und die Sicherung von Block und Angriff gewinnen an Gewicht. Aufschläge von oben sind nun möglich, infolge des kurzen Spielfeldes jedoch nicht so spielentscheidend wie auf dem Großfeld.

In der Annahme übernimmt entweder der mittlere Vorderspieler das Stellen *(Abb. 84* linkes Feld: m), dann können der rechte und linke Vorderspieler (r, l) vor und hinter ihm angreifen; oder es stellt der rechte Vorderspieler, dann wird in der Mitte und links angegriffen *(Abb. 85* linkes Feld). Wer ohne jede Spezialisierung spielen will, entscheidet sich für eines dieser Systeme. Soll ein besonders geeigneter Spieler jedoch auf zwei Positionen stellen, so müssen beide Varianten eingeübt werden.

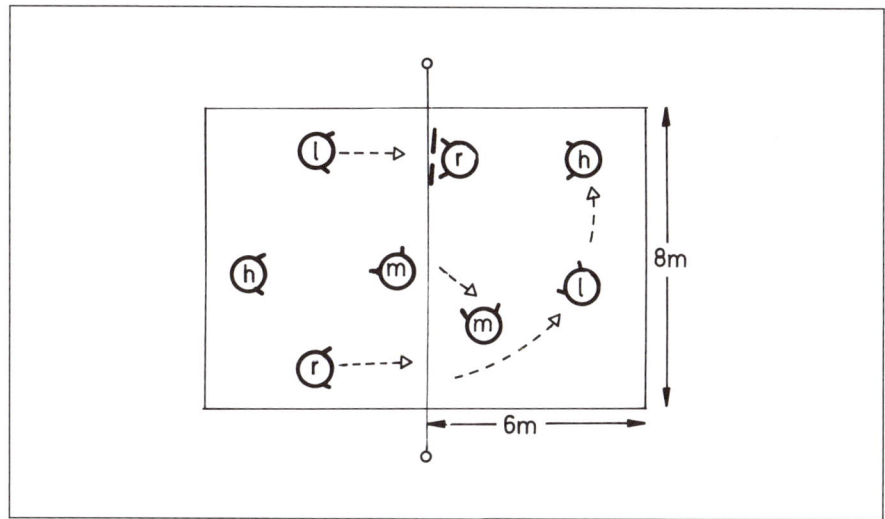

Abb. 84

In der Abwehr ist nun meist ein Einerblock nötig (r oder l). Die übrigen drei Spieler bilden dann in gleichen Abständen vom Blockspieler einen Abwehr-Halbkreis *(Abb. 84 rechtes Feld)*, oder ein Spieler sichert die Umgebung des Blocks (m) und die beiden anderen stehen abwehrbereit in größerem Abstand *(Abb. 85 rechtes Feld)*.

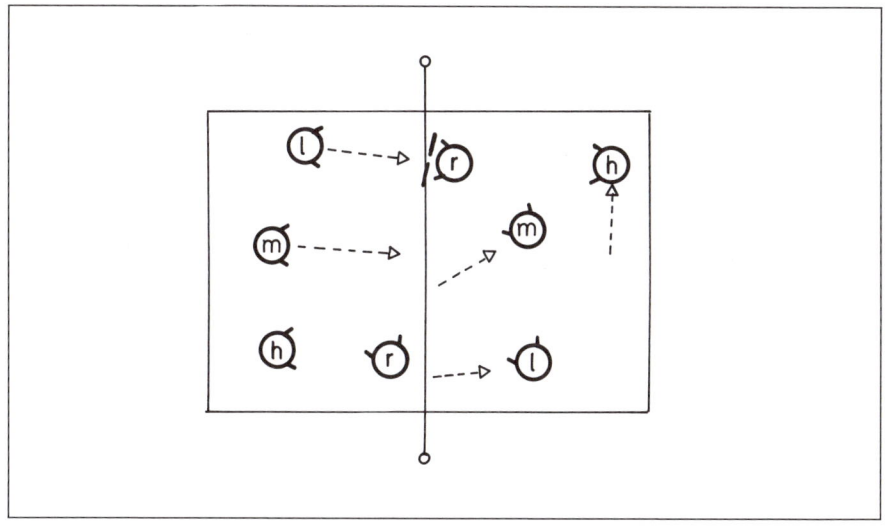

Abb. 85

Ob weitere taktische Verhaltensweisen jetzt schon eingeführt werden sollen oder ob man diese erst im Großfeld lehrt und übt, ist im Einzelfall zu entscheiden.

II. Sonderregeln für den Aufschlag

Wie schon erwähnt (S. 106) zerstören die unvollkommene Annahmetechnik und die viel schneller erreichbaren Erfolge durch Angriffsaufschläge beim Anfängerspiel auf dem regulären Spielfeld jeden Spielfluß. Untersuchungen ergaben, daß nicht nur bei Anfängern, sondern auch noch in unteren Spielklassen bis zu $1/3$ aller „Ballwechsel" schon nach dem ersten und zweiten Ballkontakt (Aufschlag und Annahme) beendet sind. Wer also seine Klasse oder Gruppe nicht möglichst schnell auf Wettkämpfe gegen andere Mannschaften vorbereiten muß, sollte durch geeignete Maßnahmen die Dominanz des Aufschlags abbauen und so ein Spiel mit vielen Ballwechseln ermöglichen. Das Ungleichgewicht zwischen Aufschlag und Annahme gleicht sich dann allerdings langsamer aus als durch ein verstärktes Annahmetraining (siehe Abschnitt N.).

1. Aufschläge von der 6-m-Linie

Eine 3 m lange Aufschlaglinie (Klebestreifen) 3 m vor der Grundlinie stellt die vordere, die Grundlinie die hintere Begrenzung der Aufschlagzone dar. Alle Aufschläge müssen aus diesem Raum erfolgen.

Harte Aufschläge von oben und solche aus mehr als 9 m Entfernung vom Netz sind nun nicht möglich und dies erleichtert die Annahme beträchtlich.

2. Zusatzregeln für den Aufschlag

Einige zusätzliche Maßnahmen — Auswechseln bei Aufschlagfehlern, Verbot von Angriffsaufschlägen, Strafen bei häufigen oder bei aufeinanderfolgenden Aufschlagfehlern (siehe S. 123) können die Spieler zu sicheren und genauen Aufschlägen animieren, die einfach anzunehmen sind. Die Spieler sollen in dieser Ausbildungsphase den Erfolg nicht durch „schnelle Punkte" mittels harter Angriffsaufschläge anstreben, sondern durch eine spielerische Überlegenheit im Angriff und in der Abwehr.

P. Volleyball — sechs Spieler im großen Feld

Das reguläre Spielfeld ist beim Volleyball — verglichen mit dem der anderen Mannschaftsspiele — winzig klein und wird von vielen Spielern abgedeckt. Kein Gegner kann das Abspiel stören. Dennoch stellen der Spielgedanke und die Spielregeln sogar den „fortgeschrittenen Anfänger" noch vor unerwartet vielfältige und schwierige Probleme.

I. Spielregeln

Alle für die Spieldurchführung wichtigen Bestimmungen des Internationalen Regelwerkes (siehe Literatur) und solche, die das technische und taktische Verhalten des Einzelspielers und der Mannschaft betreffen, werden nun allmählich eingeführt. Bekannte Regeln bedürfen der Ergänzung; Son-

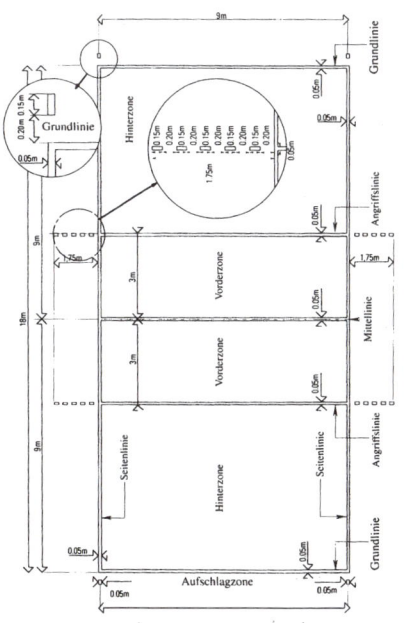

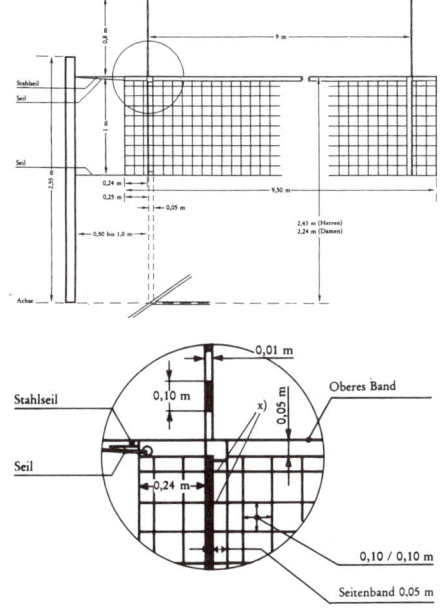

Abb. 86 a　　　　　　　　　　*Abb. 86 b*

derregeln sind entbehrlich. Viele Kapitel des Regelwerkes beziehen sich nur auf offizielle Wettkämpfe; so die Bestimmungen über Mannschaften, Trainer und Kampfrichter. Dagegen sollten unsere Schüler andere Regeln, z. B. die über Rechte und Pflichten der Spieler, unbedingt kennenlernen, auch wenn im Unterricht teils strengere, teils weniger harte Vorschriften gelten.

Das Spielfeld und die Netzanlage *Abb. 86* sollten jetzt den Regeln entsprechen, ebenso die Vorschriften über Spielerzahl und Aufstellung der Mannschaft im Spielfeld (Rotationsordnung).

II. Organisation des Spielbetriebs

1. Querbetrieb mit hochgeklappter Hinterzone

Solange unsere Mannschaften noch nicht regelmäßig mit Schmetterschlägen angreifen, bleibt ein Endstreifen der Hinterzone (1 bis 2 m vor der Grundlinie) meist unbesetzt und ist als Standort von Abwehrspielern durchaus entbehrlich. Wir können deshalb in einer Normalhalle (14 x 28 m) ohne weiteres mit vier Sechsermannschaften im Querbetrieb mit Längsnetz spie-

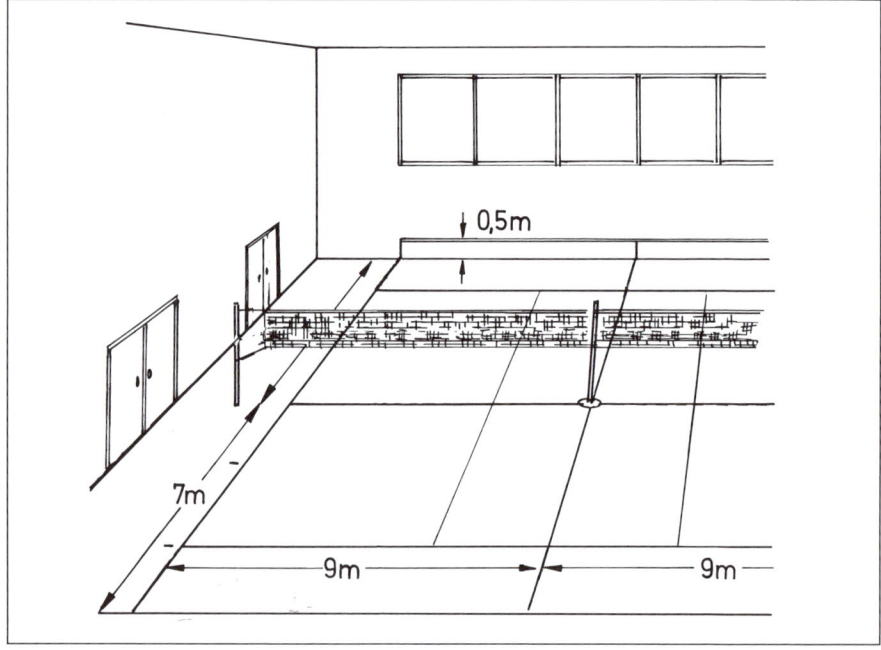

Abb. 87

len. Der fehlende Teil der Hinterzone (in jedem Feld 2 m) ist an der Wand „hochgeklappt" *(Abb. 87)* und mit einem Klebestreifen in 50 cm Höhe markiert. Schmetterschläge, die diesen Bodenstreifen der Wand treffen, sind innerhalb.

2. Überzählige Spieler können teilnehmen

Wenn die Schülerzahl nicht ganz ausreicht, um auf jedem Spielfeld Sechsermannschaften gegeneinander spielen zu lassen, so können ohne weiteres eine oder auch mehrere Mannschaften mit fünf Spielern antreten. Die Spielstärke einer Anfängermannschaft ändert sich nur geringfügig, wenn in einer Mannschaft ein Grundspieler (der mittlere) fehlt.

Schwieriger wird die Sachlage, wenn jeder Mannschaft ein oder zwei Auswechselspieler zugeteilt werden müssen. Einfach sieben oder acht Schüler in jedes Feld zu stellen, ist ebenso ungeeignet wie ein Auswechseln nach jedem Satz oder gemäß den Spielregeln (siehe Spielerwechsel S. 146). Wesentlich besser eignen sich einige andere Maßnahmen.

a) *Auswechselspieler besorgen den Aufschlag*

Bis zu zwei überzählige Spieler stehen mit Ball in den Aufgabezonen bereit, schlagen für ihre Mannschaft auf, spielen aber nicht mit. Die Feldspieler brauchen sich nicht um wegrollende Bälle zu kümmern — die Aufschläger finden dazu genügend Zeit während der Ballwechsel —, sondern formieren sich nach jedem Fehler sofort zur nächsten Annahme. Die Rotation erfolgt den Regeln entsprechend oder nach jeweils zwei Minuten, verbunden mit dem Auswechseln eines Aufschlägers.

b) *Auswechseln über Position „VII"* (Abb. 88)

Bei Aufschlagwechsel wandert der Spieler von Position I nicht wie üblich auf die VI, sondern verläßt das Spielfeld und tritt seinen Platz an den Auswechselspieler ab. Müssen zwei Auswechselspieler untergebracht werden, so stehen beide auf diesem Auswechselplatz und jeder wartet dann zwei Rotationen seiner Mannschaft ab, ehe er wieder mitspielen kann.

c) *Auswechseln bei Aufschlagfehlern*

Solange wir die Spieler dazu anhalten, ausschließlich sichere und leichte Aufschläge anzuwenden (um die Voraussetzung für lange Ballwechsel zu schaffen), ist der automatische Spielerwechsel bei einem Aufschlagfehler pädagogisch durchaus berechtigt. Dasselbe gilt bei betont eigenwilliger Spielweise.

d) *Auswechselspieler als Kampfrichter*

Das Amt des 2. Schiedsrichters oder die Bedienung der Anzeigetafel können alle Schüler übernehmen; als 1. Schiedsrichter sollte man nur spielerfahrene und regelkundige Schüler einsetzen. Ihre Auswechslung erfolgt nach jedem Satz oder schon bei 8 Punkten.

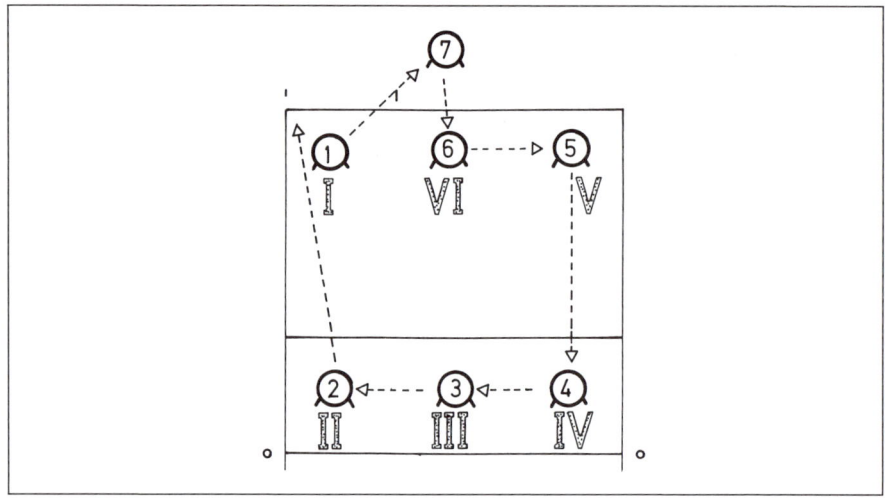

Abb. 88

III. „Unnötige" Fehler vermeiden!

Durch die vorbereitenden Spiele und die vielen Übungsformen schufen wir alle Voraussetzungen zum Gelingen des Zielspiels. Ganz sicher erwiesen sich im Einzelfall viele Übungen und auch das eine oder andere der einführenden Spiele als entbehrlich. Bestimmt aber waren — und sind weiterhin — Ergänzungen und Rückgriffe notwendig. Trotz aller Sorgfalt führt der Übergang auf das Großfeld zunächst meist zu einem Standspiel mit vielen Annahme- und Aufschlagfehlern, bei dem Rotation und Seitenwechsel die auffälligsten Aktivitäten darstellen. Die entscheidenden Fehlerquellen im Spiel und geeignete Maßnahmen, diese zu beseitigen, werden deshalb nochmals zusammenfassend dargestellt.

1. Aufschlagfehler

Ein Schlag aus der Aufgabezone ins Gegenfeld fordert, besonders bei unvollkommener Technik, viel Kraft.
Anfänger neigen dazu, die fehlende Bein- und Körperstreckung durch einen kraftvolleren Armschwung auszugleichen.
Manchen Spieler lockt die Möglichkeit, durch harte Aufschläge im Alleingang Punkte zu sammeln. Vielen fehlt die Fähigkeit, sich voll auf den Schlag zu konzentrieren.

122

All dies führt zu „unnötigen" Fehlern und lästigen Spielunterbrechungen. Einige Vorschriften und Regeländerungen können hier sofort Abhilfe schaffen.

a) Wir „verschieben" die Aufgabezone 3—4 m zum Netz hin und begrenzen sie außerdem nach hinten: „Aufschlag nur an der 6-m-Linie!" (siehe S. 118).

b) Wer einen Aufschlagfehler macht, wird ausgewechselt.

c) Bei zwei aufeinanderfolgenden Aufschlagfehlern müssen alle Spieler beider Mannschaften (einschließlich Auswechselspielern und Kampfgericht) eine „Aufbauübung" absolvieren (z. B. dreimal Bauchlage oder sechs Kniebeugen).

d) Aufschläge von oben sind verboten. Obwohl es sich durchaus lohnt, mit dem Aufschlag von unten immer sicherer und genauer zu treffen, darf diese Einschränkung jedoch nicht zu lange gelten; sie hemmt die Leistungsentwicklung der begabten Spieler.

2. Fehler bei der Annahme

> **Der Ball fällt zwischen zwei Spielern auf den Boden, obwohl er für beide leicht erreichbar war, oder, seltener, beide versuchen den Ball anzunehmen und stören einander.**
>
> **Ein Spieler reagiert auf den anfliegenden Ball oder läuft sogar in Stellung, will ihn aber dann doch dem Nebenmann oder — häufiger — dem Hintermann überlassen.**
>
> **Der Annehmende reagiert zu spät oder schätzt die Flugkurve des Balles falsch ein.**
>
> **Der Ball springt dem Annehmenden von den Armen nach hinten weg, wird hart und unerreichbar „in die Gegend" gebaggert oder regelwidrig gehalten (Doppelkontakte bleiben ungeahndet).**

Entscheidende Abhilfe können bei diesen Fehlern nur die Vervollkommung der Absprache und der Annahmetechnik bringen. Die folgenden Hinweise und taktischen Maßnahmen sind dennoch hilfreich:

a) Jeder steht startbereit in der günstigsten Bereitschaftshaltung genau auf seinem Platz im Riegel (Annahmeformation der Mannschaft) und beobachtet aufmerksam bereits den Aufschläger und nicht erst den anfliegenden Ball.

b) Wer annehmen will, soll rufen, schnell in Stellung laufen und den Ball im sicheren Stand annehmen. Jeder soll zwar nur „seine" Bälle annehmen und nicht die der Nebenspieler; wer aber auf einen Ball reagiert hat, darf die Annahme niemals im letzten Augenblick einem Mitspieler überlassen, auch dann nicht, wenn dieser eine günstigere Ausgangsposition besaß. Der Zuruf des Annehmenden (z. B. „Ich!") sollte als eine generelle Vorschrift gelten, also nicht nur bei strittigen Bällen und nicht nur bei Anfängern, sondern bei jedem Ball und auch bei Wettkampf-mannschaften.

c) Die Aufgabezonen werden verlegt (vgl. 1. a, b) und Aufschläge von oben (Tennisaufschläge) verboten.

d) Der Schiedsrichter pfeift zum Aufschlag erst dann an, wenn jeder Spieler der annehmenden Mannschaft den richtigen Platz im Riegel eingenommen hat. Es lohnt sich, die Standorte der Spieler bei den ersten Spielen mit Kreide oder Klebestreifen im Spielfeld zu markieren *(Abb. 92).*

e) Den besten Riegel einführen:
Die erfolgversprechendste Annahmeformation (Riegel) hängt vom technischen und taktischen Können der Spieler und von der Härte und Flugkurve der zu erwartenden Aufschläge ab. Es empfiehlt sich, zunächst nur einen Riegel einzuführen und ihn durch geringfügige Verschiebungen den verschiedenartigen Aufschlägen anzupassen.

W-Aufstellung

Der mittlere Vorderspieler (Pos. III) steht als Steller am Netz und beteiligt sich nicht an der Annahme. Die übrigen Spieler bilden den Fünferriegel gemäß *Abb. 89* und *90:* Zwei Vorderspieler und der hintere Mittelmann (Pos.

Abb. 89

VI) stehen nahe der Angriffslinie nebeneinander (2, 6, 4), die übrigen Grundspieler (1, 5) „auf Lücke" 2—3 m vor der Grundlinie (von hinten oben ist dies ein W). Der ganze Riegel ist zur gegnerischen Aufgabezone hin orientiert und geschwenkt und soll die Spielfeldmitte enger decken als die Randzonen. Der Spieler auf Position II steht deshalb näher an der Angriffslinie als der auf Position IV und beide rücken von den Seitenlinien weg etwa 1—2 m ins Feld *(Abb. 90)*.

Diese Aufstellung eignet sich besonders gut, wenn vom Gegner langsam und hoch fliegende Aufschläge zu erwarten sind, die nahezu jede Stelle im Spielfeld treffen können.

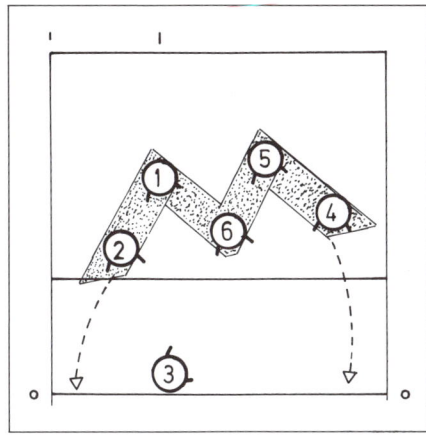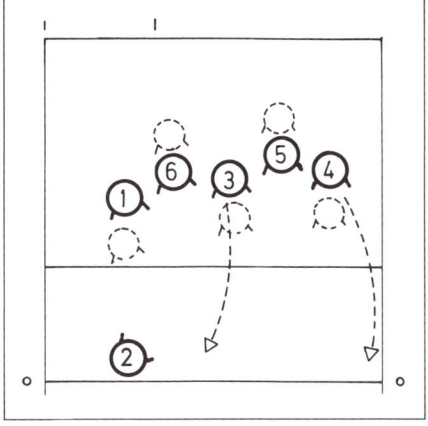

Abb. 90   Abb. 91

Der Platz des Stellers befindet sich nicht genau in der Netzmitte; er steht im rechten Drittel zwischen den Positionen II und III, seine rechte Schulter berührt beinahe das Netz. Er bekommt dadurch vier Annahmespieler und den Aufschläger ins Gesichtsfeld und muß beim schwierigen Zuspiel nach hinten keine langen Pässe spielen.

Linien-Aufstellung

Um von der W-Aufstellung zur Linien-Aufstellung *(Abb. 91)* zu kommen, führen die drei Spieler der vorderen Reihe lediglich einen kleinen Schritt nach hinten und die beiden hinteren einen Schritt vorwärts aus. Ein kleiner Abstand zum Vordermann muß bleiben, sonst entsteht ein Stellungsfehler (V mit IV, VI mit III oder I mit II, siehe Spielregeln S. 146).

Dieser enge Riegel bewährt sich ausgezeichnet, wenn der Gegner harte und flache Aufschläge anwendet, die nur das hintere Drittel des Spielfeldes treffen können. Solche Bälle fliegen sehr schnell zum Annehmenden und

125

machen weite Abwehrbewegungen zur Seite unmöglich. Die Spielfeldmitte muß besonders engmaschig abgedeckt werden, weil der Gegner aus Sicherheitsgründen häufiger diesen Teil des Spielfeldes treffen wird.

Zur Annahme leichter Aufschläge eignet sich die Linien-Aufstellung nicht; sie wird deshalb bei Anfängermannschaften seltener benötigt.

Vorgezogene Pos. II *(Abb. 91, 92 und 93)*

Wenn ein besonders geeigneter Spieler auf zwei Positionen stellen soll, also nicht nur als Mittelspieler, sondern auch dann, wenn er die Pos. II einnimmt, können die Markierungen der W-Aufstellung und des Linien-Riegels bestehen bleiben. Es stellen sich nun lediglich Spieler anderer Positionen auf diese Plätze. Bei der einfacheren Version rückt die I vor, und die VI besetzt die Lücke dahinter *(Abb. 91 und 92).*

Etwas schwierigere Umstellungen und außerdem die Gefahr von Stellungsfehlern (II mit III und III mit VI) sind in Kauf zu nehmen, wenn bei vorgezogener Pos. II wie üblich in der Mitte und nicht auf der Außenposition gestellt werden soll *(Abb. 93).*

Vorgezogene Pos. IV *(Abb. 94)*

Ein weiterer Schritt zur Spezialisierung erfolgt (und damit die Möglichkeit, mit zwei Stellern und vier Angreifern zu spielen), wenn der Steller auch auf Position IV ans Netz vorgeht und beim Aufschlag sofort in die Mitte läuft. *(Abb. 94).* Jetzt entstehen oft Stellungsfehler zwischen IV und III und ebenso zwischen III und VI.

Abb. 92

Eine Vielzahl anderer Annahmeformationen wird möglich, wenn eine Mannschaft mit Läufer spielen — ein Grundspieler übernimmt das Stellen — oder im Viererriegel annehmen kann. Diese Varianten lohnen sich jedoch erst auf höherem Spielniveau.

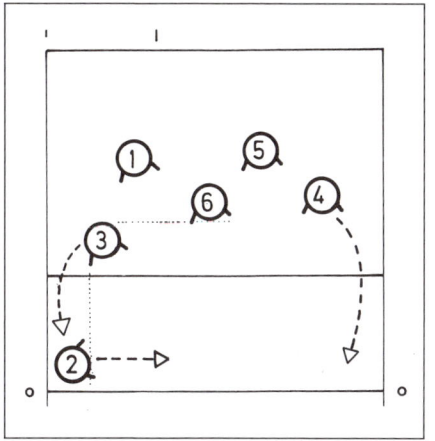 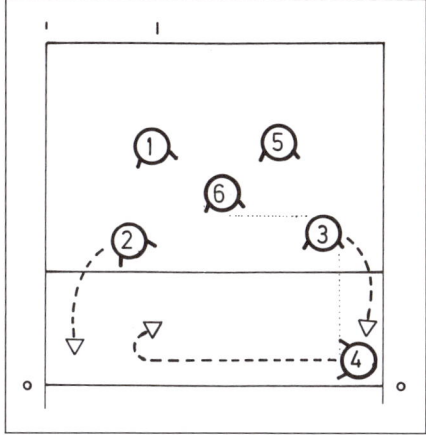

Abb. 93   *Abb. 94*

3. Fehler bei Abspiel im eigenen Feld

Auch hier treten einige Fehlleistungen besonders häufig auf. Sie hängen meist mit Annahmefehlern zusammen. Annahme und erster Paß sind in der Praxis ein und dasselbe und werden hier lediglich der besseren Übersicht wegen (und um das erste Abspiel als Bindeglied zum Stellen hervorzuheben) auseinandergezogen und unterschiedlich benannt.

> — **Der Annehmende spielt zu flach ab.**
> — **Sein Ball fliegt in eine ungünstige Richtung, unerreichbar für alle Mitspieler.**
> — **Sein Abspiel geht zu nahe an das Netz.**
> — **Mißverständnisse zwischen Steller und Mitspielern bei ungenauer Annahme.**

Die meisten Fehler und Mängel lassen sich nur durch Verbessern der Annahmetechnik beheben. Geeignete Übungen (S. 108), die Aufschlagwettbewerbe (S. 72) und Aufschlagspiele (S. 110) helfen dabei ausgezeichnet. Andere Fehlerquellen können wir jedoch auch durch taktische Anweisungen ausschalten. Jeweils eine oder zwei davon heben wir in jedem Trainingsspiel besonders hervor und achten darauf, daß alle Spieler diese Regeln befolgen.

a) **„Alle Mitspieler beobachten sofort den Annehmenden!"**

Sie drehen sich in dessen Richtung oder laufen sogar vorsorglich in eine günstige Stellung.

Erwartet die Mannschaft den Ball in der Aufstellung mit vorgezogener III *(Abb. 90),* so müssen alle Mitspieler — ausgenommen bleibt der Steller — die Ballannahme sichern. Sie bereiten sich an Ort und Stelle oder durch einen zweckmäßigen Stellungswechsel darauf vor, mögliche Fehlpässe zur Seite oder nach hinten zu erreichen. Sie versuchen, solche Bälle zu „retten", auch wenn dies sehr schwierig ist oder nahezu unmöglich erscheint.

b) **„Höhe ist wichtiger als Richtung!"**

Der Annehmende muß den Ball unbedingt in die Höhe bringen; die Abspielrichtung ist zunächst zweitrangig.

Ein flacher Paß führt mit großer Wahrscheinlichkeit zu einem Fehler, während ein hohes Abspiel in falscher Richtung durch Nebenspieler ausgeglichen werden kann.

Jede hohe, aber ungenaue Annahme kann jedoch zu Mißverständnissen führen. Der Steller will, um die ihm zugedachte Aufgabe zu erfüllen, auch ungünstig zugespielte Bälle erlaufen, ein näher und frontal zum Ball stehender Mitspieler könnte dagegen ohne Mühe und Risiko diagonal stellen. Hier helfen nur Absprache und Zuruf: *„Wer dem Steller aushilft, muß rufen!"*

c) **„Niemals zu nahe ans Netz spielen!"**

Das schönste Zuspiel von hinten ist wertlos, wenn der Ball über dem Netz, zu dicht daran oder sogar beim Gegner herabkommt. Meist führt dies gleich zu einem Fehler, bestimmt aber verhindert es einen überlegten Paß ins Gegnerfeld und ebenso ein genaues zweites Abspiel im eigenen Feld. Fliegt der hohe Ball gleich zum Gegner, wird dieser ihn bestimmt als willkommene Gelegenheit für einen unerwarteten Schmetterschlag nützen.

Dagegen kann bei einem hohen Paß, auch wenn er den Angriffsraum nicht erreicht, ein Mitspieler einspringen und ein zweites Abspiel in den Angriffsraum versuchen oder mit einem weiten Schlag oder Bagger den Ball gleich zum Gegner befördern.

d) **„Möglichst in spitzem Winkel und nicht rechtwinklig zur Mittellinie vorspielen!"**

Für den Annehmenden kann das Abspiel rechtwinklig zur Mittellinie manchmal einfach sein, die Aufgabe des Stellers jedoch wird dadurch immer, und zwar ganz beträchtlich, erschwert. Außerdem bieten solche

Pässe nur sehr selten die Möglichkeit, schon mit dem zweiten Paß anzugreifen, und dies ist, zumindest beim *Minivolleyball,* eine Zeitlang durchaus kein taktischer Fehler.

e) *,,Nicht sofort zum Gegner zurückspielen!"*

Nur sehr selten bringt ein direktes Rückspiel Vorteile. Eine Möglichkeit ist der gezielte Paß auf ungedeckte Stellen im gegnerischen Spielfeld. Baggern ist dabei zu ungenau und auch zu langsam und höchstens bei der Annahme als Abspiel vor den Aufschläger lohnend. Ein direktes Zurückpritschen ist taktisch nur dann vorteilhaft, wenn niemand diese Aktion erwartet und ein Teil des Gegenfeldes gerade ungedeckt ist. Als Notlösung schließlich ist das direkte Rückspiel dann gestattet, wenn beim Aufschlag oder Angriff ein sehr kurz geschlagener Ball gerade noch erreicht werden kann oder wenn ein Ball so schnell und hart anfliegt, daß ein genaues Zuspiel im eigenen Feld zu schwierig oder riskant wäre und das frontale Baggern über das Netz die einfachere Lösung und einzige ,,Rettung" darstellt.

Im Regelfall aber muß eine Mannschaft versuchen, den Ball im eigenen Feld zu behalten, einen Angriff aufzubauen und darf keinesfalls ihrem Gegner durch einfach anzunehmendes Rückspiel diese Aufgabe erleichtern. Falls eine Mannschaft oder besonders eigenwillige Spieler die Vorteile dieser Anweisung noch nicht erkennen — oder nicht einsehen wollen —, sollten wir wieder die Sonderregel einführen, nach der jedes direkte Rückspiel zum Gegner als Fehler zählt.

4. Fehler beim Paß ins gegnerische Feld

Neben den bereits angeführten Fehlern durch sofortiges Zurückspielen oder ungenaues Stellen führt immer wieder die falsche Stellung der Angriffsspieler beim Paß über das Netz zu einer Regelwidrigkeit oder einem Abspielfehler:

— **Der Angreifer steht zu nahe am Netz.**
— **Er steht mit dem Rücken zum Netz.**
— **Er versäumt es, nach dem Block vom Netz zurückzugehen.**
— **Die Mitspieler vergessen die Schlagsicherung.**

---

a) *,,Der Angriff beginnt hinter der Angriffslinie!"*

Steht ein Angreifer nahe am Netz, so kann er nur steile Pässe zum Gegner spielen; flache und damit wirksamere Bälle bleiben im Netz hängen. Auch ein harter Schmetterschlag ist bei fehlendem Anlauf kaum möglich, denn im Absprung aus dem Stand erreichen nur wenige Spieler die notwendige Höhe. Schließlich bringt der zu nahe am Netz stehende Angreifer den Steller in eine schwierige Lage, denn dieser soll vor den

Mann spielen, darf aber keinesfalls zu nahe ans Netz oder gar zum Gegner stellen.

Alle Angreifer erwarten deshalb das zweite Zuspiel etwa auf der Angriffslinie.

Beim ersten Angriff (nach der Annahme) ist dies kein Problem; wohl aber im Spielgeschehen, wenn die Vorderspieler zunächst in Netznähe zum Block bereitstehen. In diesem Fall gilt: *,,Zum eigenen Angriff schnell vom Netz lösen!"* oder *,,Nur der Steller bleibt vorn!".*

b) **,,Ein guter Angreifer sieht den Gegner!"**

Eine Spielstellung mit dem Rücken oder der Flanke zum Netz eignet sich nur für das Stellen, nicht aber für einen Paß über das Netz. Dazu wäre nämlich Pritschen nach hinten oder ein laterales Pritschen (in Verlängerung der Schulterachse) nötig. Beides ist technisch schwierig, führt leicht zu Fehlern und bringt nur als überraschende Finte (statt des von allen erwarteten Stellens), taktische Vorteile, nicht aber als ,,blinder" Paß über das Netz. Wer genau und wirkungsvoll angreifen will, muß also frontal zum Ball und zum Gegner stehen.

c) **,,Schlagsicherung, wenn der Gegner blockt"**

Sobald die eigene Mannschaft oft genug mit Schmetterschlägen angreift und der Gegner einen Block stellt und umgekehrt, ist es an der Zeit, zur Sicherung von Angreifer und Block taktische Vereinbarungen zu treffen. Das Retten von Blockabprallern und Lobs kann dann nicht mehr dem spontanen Eingreifen und der Improvisation überlassen bleiben, sondern wird bestimmten Sicherungsspielern übertragen (S. 132).

5. Fehler in der Verteidigung

> — **Fehlende Bereitschaftshaltung, zu geringe Aufmerksamkeit.**
> — **Die Spieler im Gegenfeld werden zu wenig beobachtet, ihre Aktionen nicht erkannt und bedacht.**
> — **Falscher oder ungünstiger Standort vor der Abwehr.**
> — **Fehlendes Zusammenwirken mit Nebenspielern.**

Viele Fehlerquellen bei der Abwehr sind dieselben wie bei der Annahme; viele der dort maßgebenden taktischen Regeln sind daher direkt übertragbar. Allerdings ist jetzt die Abwehrsituation vielfältiger und schwieriger:
— Dem Angriff geht keine Spielunterbrechung voraus.
— Der Angriffsball erreicht das eigene Feld schneller und kann eine größere Fläche treffen.
— Die Angriffe können auf der gesamten Netzbreite erfolgen.
— Mehrere Gegenspieler können angreifen (im Angriffsraum nur die Netzspieler).

— Der Angriff kann von jeder Stelle des gegnerischen Spielfeldes aus erfolgen.

— Der Zeitpunkt des Angriffs liegt nicht fest (direktes Rückspiel, Angriff auf den ersten Paß und Angriff nach dem zweiten Zuspiel).

Trotzdem sind bei Anfängern komplizierte Abwehrsysteme mit exakter Rollenverteilung lange Zeit entbehrlich, denn in ihrem Spiel bleibt die Sachlage übersichtlich. Im Regelfall sind mehr oder weniger flache Pässe, seltener harte Schmetterschläge, abzuwehren. Pritscht der Gegenspieler, so wird der Paß oft ungedeckte Stellen, sehr selten aber den hinteren Teil des Spielfeldes erreichen. Baggert er, so kann sein Ball auch das Hinterfeld erreichen, fliegt aber höher und ist länger unterwegs.

Die folgenden Vorschläge stellen die Eigeninitiative und Aufmerksamkeit aller Spieler in den Vordergrund. Legt man eng umrissene Verteidigungsaufgaben und Abwehrbereiche fest, so fallen schwächere Spieler deutlicher auf; Nebenspieler können dann deren Abwehrschwächen nicht mehr spontan ausgleichen, und häufig sind Schuldzuweisungen die Folge.

a) *Reine Feldabwehr*

Für Anfänger geeignete Abwehrsysteme ähneln den Aufstellungen bei der Annahme.

Der W-Aufstellung entspricht das Abwehrsystem 0:2:3. Es wird kein Block gebildet (0:); der Steller bleibt in Netznähe, hat nur im Notfall Abwehrfunktion und soll den folgenden Angriff aufbauen. Zwei Spieler decken das Vorderfeld, eine Zone, die von der Mittellinie bis etwa einen Meter hinter die Angriffslinie reicht, und nehmen dort alle kurzen und leichten Bälle. Die übrigen drei Spieler teilen sich die Abwehraufgabe im restlichen Spielfeld, dem Hinterfeld (2:3).

Die Mannschaft steht weiter auseinandergezogen als bei der Annahme und orientiert sich jetzt nach dem Angreifer, wie dort nach dem Aufschläger; die ganze ,,Front" schwenkt also immer in diese Richtung.

b) *,,Einerblock bei guten Angreifern"*

Meist schmettern nur die besten Angreifer des Gegners so gut, daß ein Block nötig ist. Außerdem gelingt das Stellen noch sehr selten wirklich perfekt. Die später sehr differenzierte Taktik bei der Blockbildung und Blocksicherung kann man deshalb auf eine einzige Anweisung reduzieren:

Wenn dem gegnerischen Steller ein sehr gutes Zuspiel gelingt und ein besonders starker Angreifer anläuft, springt der ihm gegenüberstehende Netzspieler zum Einerblock. Er wird vom Steller gesichert, und die übrigen vier Spieler — drei Grundspieler und der ,,freie Netzspieler" (der nicht am Block beteiligte Außenspieler) — wehren im Halbkreis ab. Ist kein Schmetterschlag zu erwarten oder kommt es nicht dazu, besetzen alle Abwehrspieler Abwehrpositionen gemäß der 0:2:3-Aufstellung.

Abwehrsysteme mit Doppelblock und Sicherung durch einen Hinterspieler 2:1:3 wären beim jetzigen Spielniveau zu aufwendig und weniger wirksam. Sie erhalten ihre Bedeutung, wenn Schmetterangriffe die Regel und Pässe aus dem Gegenfeld eine Ausnahme darstellen.

c) *„Den Angreifer beobachten!"*

Den guten Abwehrspieler kennzeichnen nicht nur die tollen Abwehrparaden und Hechtsprünge, sondern vielmehr die Fähigkeit, in seinem Verteidigungsraum „genau richtig" zu stehen, also vorher schon dahin zu laufen, wo der gegnerische Angriffsball abgewehrt werden muß, und nicht erst zu reagieren, wenn der Ball schon unterwegs ist.

Dieses vorausschauende Verhalten ist nur möglich, wenn er denjenigen Angreifer, der das Zuspiel erhält, genau beobachtet. Der Spieler ist in diesem Augenblick viel wichtiger als der auf ihn zufliegende Ball. Aus seiner Haltung und aus seiner Stellung oder Bewegung zum Ball läßt sich, wenigstens ungefähr, die Abspielrichtung abschätzen.

d) *„Schnell und richtig in Stellung laufen!"*

Schnelle Reaktionen sind nur aus einer günstigen Startstellung möglich. Die Spielstellung *(Abb. 4)* ist um so tiefer (das heißt stärker gebeugte Knie), je härter der erwartete Schmetterschlag und je steiler dieser möglicherweise ins eigene Feld geschlagen wird.

e) *„Wer am günstigsten steht, muß abwehren!"*

Die häufigsten Mißverständnisse entstehen zwischen Vorder- und Hinterspielern; einige Abmachungen können viele Fehler verhindern:

— Wer sehen kann, daß sich ein anderer Spieler um den Ball bemüht, darf sich nicht vordrängen, auch wenn er die Abwehr vielleicht besser besorgen könnte.

— Nie einen seitlich vorbeifliegenden Ball „fischen", wenn ein Hintermann bereitsteht.

— Während oder nach einer Vorwärtsbewegung abzuspielen ist technisch einfach, wesentlich schwieriger dagegen ist diese Aktion während oder nach einer Rückwärtsbewegung. Man steht deshalb vor dem gegnerischen Angriff im hinteren Drittel der jeweiligen Verteidigungszone und überläßt als Vorderspieler außerdem alle hohen Bälle den Hinterleuten.

f) *Sicherungssysteme*

Beim Angriff gegen einen Einerblock (und erst recht gegen den Doppel- und Dreierblock) springt der Ball oft so schnell von den Händen des Gegenspielers ins eigene Feld zurück, daß für den Angreifer selbst keine Abwehrmöglichkeit besteht. Ein oder mehrere Mitspieler müssen deshalb die Schlagsicherung übernehmen.

Auch ein Blockspieler, der zur Abwehr eines Schmetterschlages hochspringt, kann einen überraschenden Lob nicht selbst abwehren. Eine Blocksicherung muß die Umgebung des im Sprung befindlichen Blockspielers abdecken.

Schlagsicherung und Blocksicherung sind technisch gleich (vgl. *Abb. 76c—d*): tiefe Spielstellung in etwa einer Körperlänge Abstand; beide Arme offen und handlungsbereit vorgestreckt und Blick zum Ball. Abgewehrt wird im Bagger oder mit einem Arm, im Fallen oder Abrollen.

Deutliche Unterschiede bestehen jedoch im taktischen Bereich und hinsichtlich des günstigsten Zeitpunkts der Einführung.

,,Der Steller sichert immer!"

Diese Regel gilt von Anfang an und uneingeschränkt beim Schmettern und Blocken.

,,Alle Nachbarspieler sichern den Angreifer!"

Dies sind auf alle Fälle der Steller und der Hinterspieler des Angreifers; soll auch der hintere Mittelmann sichern, müssen der freie Netzspieler und der diagonale Hinterspieler ihren Standort ändern und vorübergehend eine günstigere Ausgangsposition zur Abwehr hoher Blockabpraller einnehmen. Diese Ortswechsel bringen als willkommene ,,Beigabe" Bewegung ins Spiel. Außerdem erhöht die Unterstützung vieler Mitspieler die Bereitschaft der Angreifer zu riskanteren Angriffen. Beides spricht dafür, ein Sicherungssystem für den Angriff sehr früh einzuführen.

Dies gilt nicht für die Blocksicherung; solange deutlich unterscheidbar und vorhersehbar bleibt, ob ein Schmetterschlag folgt oder ein Lob bzw. ein Paß aus dem Stand, solange außerdem die Häufigkeit und Härte der gegnerischen Schmetterschläge kein System mit Doppelblock fordern, ist ein spezieller Sicherungsspieler entbehrlich und eher ein Nachteil. Die enger gefächerte Feldabwehr bringt dann bestimmt bessere Abwehrchancen.

d) *Blocksicherung mit vorgezogener VI*

Beim Spiel mit Doppelblock übernimmt ein einziger Spieler, am besten der hintere Mittelmann (oder ein Grundspieler, der nach dem Aufschlag auf diese Position wechselt) speziell diese Funktion.

Er ist von anderen Abwehraufgaben entbunden und pendelt etwa auf der Angriffslinie hinter den Block nach links und rechts. Besonders wichtig ist nun, daß sich jetzt der freie Netzspieler unbedingt in die Abwehr einschalten muß und daß nur dann gesichert wird, wenn ein Block erfolgt oder zu erwarten ist. Der Sicherungsspieler darf also weder immer vorne bleiben noch in allen Abwehrsituationen vorgehen.

Q. Anhang

I. Die Netzeinrichtung — stabil und zeitsparend

Leider genügen die in Turnhallen vorhandenen und im Handel angebotenen Volleyballanlagen nicht immer unseren Ansprüchen:
- Auf- und Abbau dürfen nur ganz kurze Zeit dauern;
- das Netz sollte mindestens zwischen 1,80 m und 2,50 m (besser noch 1,20 m bis 2,60 m) auf beliebige Höhen einzustellen sein;
- es muß straff spannen und darf höchstens 2 cm durchhängen;
- die Vorrichtung soll einfach, praktisch und solide konstruiert, darf aber auch nicht zu schwer sein.

1. Netze

Die Maße sollen den Vorschriften entsprechen: Länge 9,5 m, Höhe 1 m, Maschengröße 10 auf 10 cm; für Übungszwecke und für Minivolleyball ist das Längsnetz (Spezialanfertigung oder $2^1/2$ Normalnetze aneinanderhängen und die Randmaschen verknoten) unentbehrlich.

Das Netzseil *(Abb. 97)* muß unbedingt ein Stahldraht (2—4 mm Durchmesser) sein, Hanfseile sind völlig unbrauchbar.

Die seitlichen Begrenzungsstreifen sollten nicht eingenäht, sondern frei verschiebbar sein.

Leichte Netze kosten zwar weniger, zerreißen aber schon nach kurzem Gebrauch.

2. Spielsäulen mit Spannvorrichtung

Ein straff gespanntes Netz ist nicht nur im Wettspiel, sondern auch im Training unbedingt notwendig. Die erforderliche Spannung ist nur mit der Spannkurbel oder einem Flaschenzug, nicht aber durch direktes Ziehen erreichbar. Allerdings müssen die Spielsäulen oder Wandbefestigungen dem Zug des Spannseils ohne Verbiegung standhalten. Säulen mit Durchmessern unter 8 cm lassen sich zwar gut transportieren, halten aber den notwendigen Zug nicht aus. Eine seitliche Verspannung der Säule zur Wand oder zum Boden hin ist nicht nur umständlich, sondern — außer bei wandnahen Säulen *(Abb. 95 W)* — auch hinderlich und gefährlich. Man sollte deshalb dickere Säulen bevorzugen und das höhere Gewicht ruhig in Kauf nehmen.

Einen schnellen, einfachen und wettkampfgerechten Aufbau erlaubt die Vorrichtung nach *Abb. 95.*

Die Spielsäule hält dem starken Zug ohne Verbiegung stand. Ein Gestänge kann bequem der Höhe nach verschoben und stufenlos festgeschraubt werden. Man hängt die Schlaufe des Netzseils in den Haken des Spann-seils (H), und schon kann man das Netz bis zur Straffung festkurbeln (Sp, K). Das Spannseil bleibt immer am Pfosten; ein Ring am einen (Ri) und ein Haken am anderen Ende (H) verhindern beim Abbau ein Durchrutschen an der Rolle. Der Spanndraht (S) erspart uns das Einfädeln des Netzseils über die Rolle; das Netzseil kann kurz sein und wird sich bei der Aufbewahrung im Geräteraum nicht jedesmal in den Netzmaschen verheddern. In eine frei

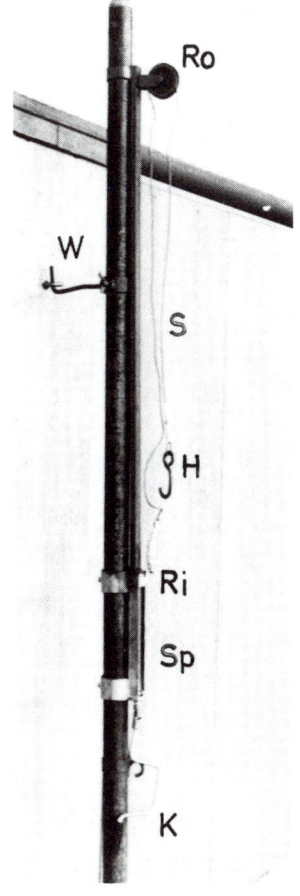

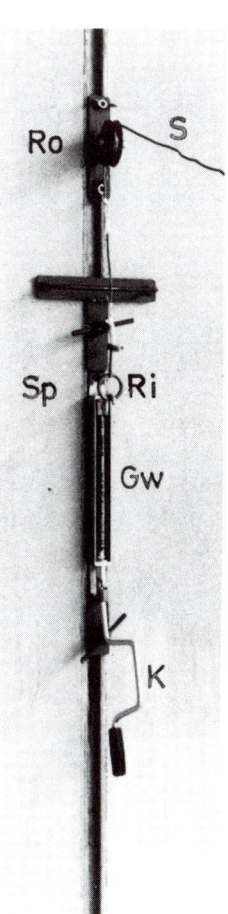

Abb. 95   *Abb. 96*

bewegliche Schelle mit Haken wird das untere Spannseil eingehängt. Durch ihr Verschieben kann man das Netz in die richtige Höhe herabziehen.

3. Das Längsnetz spannen

Die geringen Ausmaße des Volleyballfeldes und dazu die Möglichkeit, diese kleine Spielfläche noch um zwei bis drei Meter verkürzen zu können, ohne den Spielcharakter dadurch wesentlich zu verändern (siehe auch Hochklappen des Endstreifens *Abb. 87),* ermöglicht schon in kleinen und mittleren Turnhallen den Querbetrieb. Voraussetzung dafür sind allerdings geeignete Spannvorrichtungen an den Stirnseiten der Halle.

a) *Vorschriftsmäßige Anlagen*

Sind in der Mitte jeder Stirnwand lange Spielschienen eingelassen oder stehen dort Spielsäulen, wird das Längsnetz einfach eingehängt und der Haken in die gewünschte Höhe geschoben *(Abb. 96).* Auch das Spannen des Längsnetzes ist dann eine Kleinigkeit, denn es gibt nicht nur für Spielsäulen preiswerte Spannvorrichtungen *(Abb. 95),* sondern auch

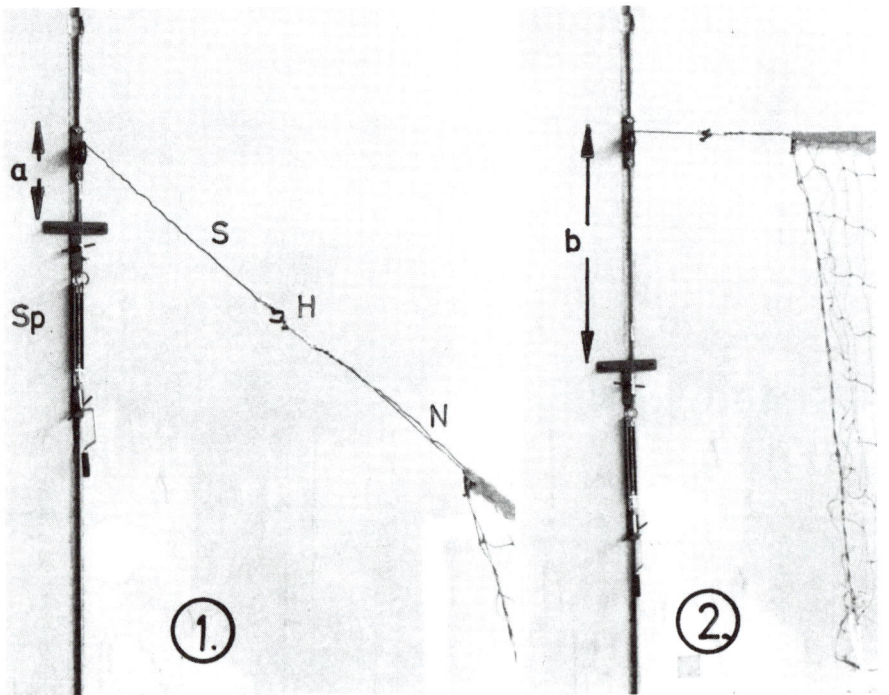

Abb. 97

136

ähnliche Konstruktionen, die in die Spielschiene eingesteckt werden können; *Abb. 96* und *97* zeigen eine sehr praktische Einrichtung zum Spannen des Längsnetzes. Die Rolle (Ro) läßt sich getrennt von der übrigen Spannvorrichtung (Sp) in beliebiger Höhe mit zwei Flügelmuttern sicher in der Spielschiene festschrauben. Über diese Rolle läuft der 2 m lange Spanndraht (S); in seinen Haken (H) hängen wir die Schlaufe des Längsnetzes ein, mit dem Ring am anderen Ende (5) ziehen wir das Netz locker an und hängen diesen in den Haken der Gewindewelle (Gw). Nun muß die gesamte Spannvorrichtung mit aller Kraft herabgezogen (siehe Pfeile a und b) und mit zwei Flügelmuttern festgeschraubt werden *(Abb. 97)*. Den letzten Rest der benötigten Netzspannung bringt dann ein Festkurbeln mit der Gewindewelle (K).

b) *Stützen in der Hallenmitte*

Die Längsleine und erst recht ein über 20 m langes Längsnetz hängen in der Hallenmitte trotz Festkurbelns mehr als 2 cm durch und schwingen bei jeder Berührung zu stark und zu lange. Eine Mittelstütze oder, wenn drei Felder entstehen sollen, zwei Stützen in jedem Drittel, müssen dies verhindern.

Ideal ist eine Spielsäule genau in der Hallenmitte; dann nämlich können wir zwei Leinen oder zwei Netze unabhängig voneinander einhängen und entweder an der Mittelsäule oder an den Querwänden festkurbeln.

Doch auch ein Abstützen mit Hochsprungständern geht sehr schnell. Die Auflageplatte wird in der gewünschten Höhe eingestellt, die Längsleine darüber um den Pfosten geschlungen und dann an beiden Querwänden gleichzeitig straffgezogen. Ebenso können zwei miteinander verbundene Netze oder das Längsnetz in die Höhe geschoben und dann straff gekurbelt werden. Eine passende Schlaufe in der Leine oder am Spannseil der Netze, durch die der Mittelständer gesteckt werden kann, oder verschiebbare Haken am Ständer (statt der Auflageplatte) erleichtern den Aufbau beträchtlich.

4. Behelfsmäßige Anlagen

a) *Einfache Wandhaken*

Häufig müssen vorhandene Geräte verwendet oder ohne großen Aufwand behelfsmäßige Anlagen geschaffen werden. Durch einige Kniffe können wir auch solche Einrichtungen praktisch und wettkampfgerecht zurechtbasteln.

Das Netzseil wird locker zwischen den Haken aufgehängt *(Abb. 98a)*. Mit festen Stricken zieht man dann auf beiden Seiten das Netzseil herab und näher zur Wand *(Abb. 98b)*. Das Netz strafft sich, die Mitte kommt höher. Die gewünschte Netzhöhe läßt sich durch verschieden hoch angebrachte Haken oder durch ein mehr oder weniger starkes Durchhängen des Netzseils zu Beginn erreichen. Das Spannen dauert länger als mit einer Kurbel, vor allem dann, wenn die Netzhöhe zentimetergenau stimmen soll; außerdem müssen die Haken sehr hoch angebracht sein.

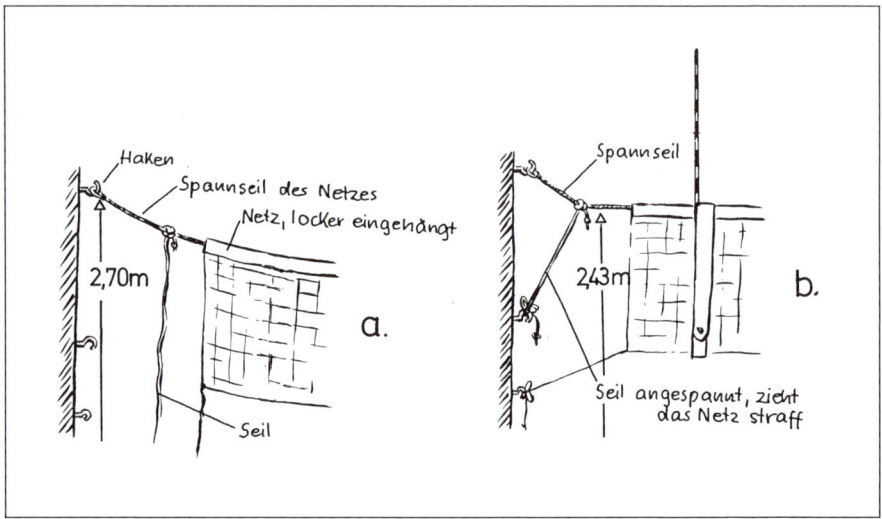

Abb. 98

b) *Wandschlitzschienen ohne Spannschloß*

Bei den Spielschienen nach *Abb. 99* kann das Netz in einer bequemen Höhe eingehängt, dann mit der Laufschiene in die Höhe geschoben und in der richtigen Höhe durch die Feststellschraube fixiert werden. Die Spannung muß allerdings auf dieselbe umständliche Art und Weise wie bei festen Wandhaken erfolgen.

c) *Spielsäulen ohne Spannvorrichtung*

Auch mit den in vielen Turnhallen vorhandenen einfachen Spielsäulen können wir im Notfall auskommen. Der Aufbau geht sehr schnell, allerdings erreichen wir kaum die für Wettkämpfe notwendige Spannung und eine über die ganze Breite gleichartige Netzhöhe.

Das lange Netzseil wird auf der einen Seite eingehängt und läuft auf der anderen Seite nach *Abb. 100* über den in der gewünschten Höhe festgeschraubten oberen Haken (besser ist eine Rolle). Dann hängt man die Schlaufe in den Haken des unteren Schiebers, zieht diesen mit aller Kraft nach unten und schraubt ihn fest.

138

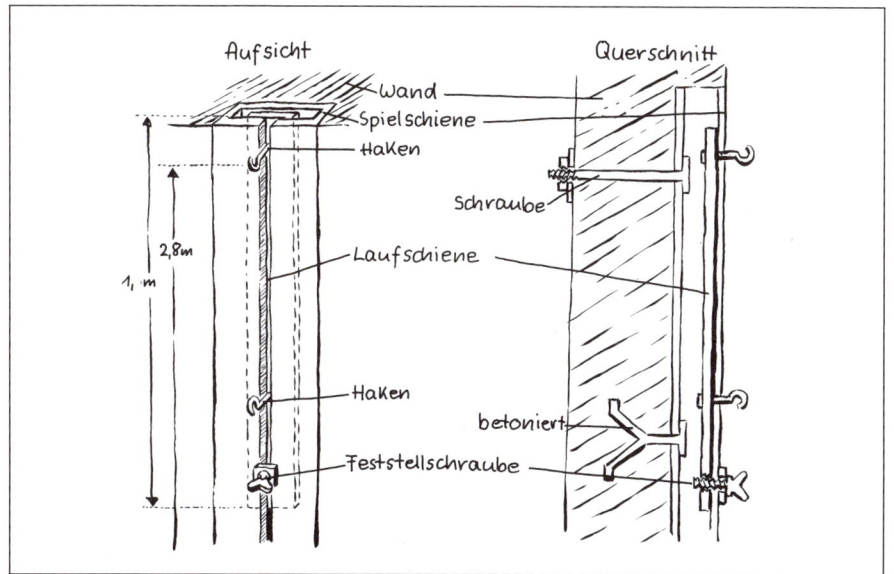

Aufsicht / **Querschnitt**

Wand
Spielschiene
Haken
Schraube
Laufschiene
2,8m
1, m
Haken
betoniert
Feststellschraube

Abb. 99

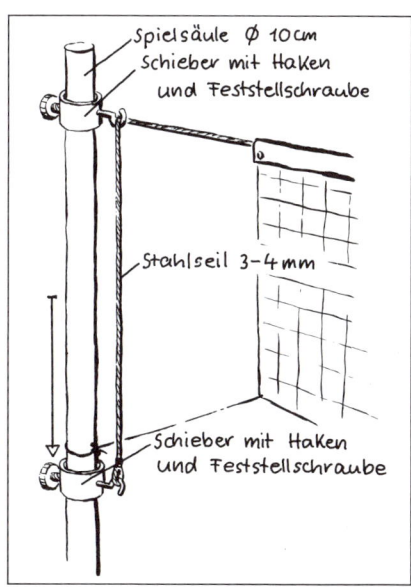

Spielsäule Ø 10 cm
Schieber mit Haken
und Feststellschraube

Stahlseil 3-4mm

Schieber mit Haken
und Feststellschraube

Abb. 100

d) *Anlagen für den Querbetrieb*

Wandhaken *(Abb. 98)* und Spielschienen ohne Spannvorrichtung *(Abb. 99)* können ebenso, wie dies für die normale Anlage beschrieben wurde, auch zum Spannen der Längsleine bzw. zweier Netze verwendet werden.

139

Fehlen auch diese Einrichtungen, so sollten wir, wenigstens zum Spannen der Längsleine, die Basketballanlage ausnützen. Wir hängen die Leine mit einem Haken in den Korbring und ziehen sie anschließend nach dem auf *Abb. 98* dargestellten Prinzip in die gewünschte Höhe. Um das Einhängen in den 3,05 m hohen Ring zu erleichtern, binden wir jedes Ende der Längsleine an einen etwa 80 Zentimeter langen festen Draht und biegen dessen freies Ende zu einem Haken.

Eine ebenfalls recht praktische Behelfslösung ermöglichen standsichere Hochsprungständer in Verbindungen mit der Basketballanlage. Die Längsleine wird in der gewünschten Höhe an den umgelegten Hochsprungständern befestigt. Dann stecken wir die Ständer durch die Korbringe oder stellen sie hinter die Spielbretter und spannen die Leine am dritten Ständer in der Hallenmitte.

5. Alles muß genau passen

Ein Volleyballspiel im Schlußteil von Sportstunden lohnt sich nur, wenn der Aufbau reibungslos funktioniert und schnell erledigt ist. Wie eine Ziehharmonika gefaltet, hängt das Netz im Geräteraum (und liegt nicht zu einem Ballen zusammengerollt im Schrank). Sein Spannseil ist genau passend abgeschnitten. Das freie Stück des Drahtes sollte möglichst kurz sein, damit es nicht jedesmal beim Aufbau aus den Netzmaschen gefädelt werden muß; das Spannseil am Pfosten oder an der Wand kann ohne weiteres länger sein.

Mit wenigen Handgriffen muß das Netz eingehängt und straff gespannt sein, damit das Spiel sofort beginnen kann.

II. Die wichtigsten Spielregeln

Bei keinem anderen Ballspiel muß der Schiedsrichter technische Fehler der Spieler so umfassend und weitgehend bestrafen wie beim Volleyball. Nirgends ziehen die Spielregeln so ungewisse Grenzen und lassen soviel im Ermessen des Schiedsrichters wie beim Pritschen, Lobben und Schmettern. Der Lehrer sollte als Schiedsrichter sogar noch weiter gehen und vorbildlichen Einsatz belohnen und Nachlässigkeit bestrafen: eine technisch vollkommen gleichartige Ballannahme wird einmal als Fehler geahndet, ein anderes Mal bleibt sie ohne Strafe, je nachdem, wieviel Einsatz und Reaktionsschnelligkeit vom Spieler gefordert wurden, um diesen Ball zu erreichen. Man kann auf diese Weise die Spielerziehung noch mehr in den Vordergrund stellen und als Schiedsrichter eine Linie suchen, die zwar das Spiel möglichst selten unterbricht, aber doch jeden Schüler zum vollen Einsatz seines Könnens zwingt oder sogar Verbesserungen der Technik anstrebt.

Ebenso wie die Grundbegriffe der Taktik führen wir auch die wichtigsten Spielregeln ganz allmählich ein.

1. Regelverstöße beim Anfängerspiel

a) *Der Ball berührt den Boden*

Eine Bodenberührung im Feld zählt für den Angreifer, außerhalb gegen ihn (falls kein Verteidiger den Ball vorher berührte). Linienbälle – nicht die Projektion, sondern die Berührung durch den Ball ist maßgebend – sind innerhalb.

Alle Gegenstände außerhalb des Spielfeldes (Antenne, Pfosten, Spannseil, Decke, Netz außerhalb der Seitenbänder usw.) gelten wie Bodenberührungen.

b) *Der Ball wird geschöpft, gehalten oder geworfen*

Bei Anfängern sollte man Abspielfehler nur dann abpfeifen, wenn sie dem Spieler zu Vorteilen verhelfen oder sich zu haftenden Fehlern einschleifen, die später ein mühevolles Umlernen erfordern. Beim Schöpfen zeigen die Handflächen nach oben und die kleinen Finger gegeneinander; beim Halten und Werfen muß der Wortsinn deutlich erfüllt sein; Wegschieben und Doppelberührungen können zunächst ungeahndet bleiben.

c) *Ein Spieler überschreitet die Mittellinie*

Niemand darf mit dem ganzen Fuß das gegnerische Spielfeld betreten. Solange sich ein Teil des Fußes auf oder über der Mittellinie befindet und kein Gegenspieler behindert wird, entsteht kein Fehler. Dasselbe gilt für die Hand.

Aus Sicherheitsgründen sollte man diese Regel zumindest im Anfängerbereich abändern und jede Berührung der Mittellinie als Fehler werten. Die Berührung des Gegenfeldes mit einem anderen Körperteil ist immer ein Fehler.

d) *Netzberührung ist ein Fehler*

Ein Spieler darf das Netz berühren; dies jedoch nicht, wenn er den Ball spielt oder die Netzberührung das Spielgeschehen beeinflußt. Berührt der Ball das Netz innerhalb der Seitenstreifen, so wird weitergespielt. Berührungen außerhalb der Seitenbänder und der Antennen sind Fehler.

e) *Aufschlagfehler*

Der Ball berührt eine Antenne (siehe d); der Aufschläger betritt oder überschreitet die Grundlinie; er wirft den Ball an und fängt ihn auf; er schlägt ihn aus der haltenden Hand.

2. Regeln für „fortgeschrittene Anfänger"

a) *Rückspiel in höchstens drei Schlägen*

Spätestens mit der dritten Ballberührung muß der Ball ins Gegenfeld zurückbefördert werden; dabei kann derselbe Spieler den ersten und dritten Schlag ausführen. Bemühen sich zwei Spieler gleichzeitig um den Ball, so darf der Schiedsrichter dies nur dann als zwei Berührungen zählen, wenn er genau erkannte, daß beide Spieler den Ball berührten (Schiedsrichterzeichen für vier Ballberührungen *Abb. 101*). Bei gleichzeitiger Berührung durch zwei Gegenspieler (2 f) und beim Block (3 d) ändert sich diese Regel.

b) *Doppelschlag*

Der Ball wird von einem Spieler sichtbar zweimal hintereinander gespielt bzw. zwei Körperteile eines Spielers berühren nacheinander den Ball. Besonders häufig ist dieser Fehler beim Pritschen, wenn die Hände oder die Finger nicht genau gleichzeitig gegen den Ball treffen (Schiedsrichterzeichen für Doppelschlag *Abb. 101*).

Diese Regel gilt nicht beim Blockieren (3 d) und bei jedem vom Gegner kommenden Ball, wenn dieser nicht gepritscht wird. In diesen Fällen sind aufeinanderfolgende Ballkontakte (Unterarm-Schulter, Oberarm-Kopf) ausdrücklich erlaubt, wenn sie innerhalb ein- und derselben Aktion erfolgen.

c) *Fehler beim Schmetterschlag*

Der Ball wird nicht geschlagen, sondern geworfen oder geführt (Schiedsrichterzeichen *Abb. 101*).

Ein Hinterspieler schmettert im Angriffsraum; bei dieser Entscheidung ist zu beachten, daß nur dann ein Fehler vorliegt, wenn sich der Ball beim Schlag höher befindet als die obere Netzkante und der Hinterspieler beim Absprung die Angriffslinie betritt oder überschreitet.

d) *Übergreifen ist ein Fehler*

Jeder Mannschaft gehört nur der Raum über dem eigenen Spielfeld. Kein Spieler darf über das Netz greifen, auch nicht unter dem Netz durch, wenn dabei der Ball oder ein Spieler berührt oder der Gegner behindert wird (Schiedsrichterzeichen *Abb. 101).* Die einzige Ausnahme bildet auch hier das Blockieren (3 d).

e) *Bei gleichzeitigen Kontakten geht das Spiel weiter*

Schlagen zwei gegnerische Spieler gleichzeitig und regelgerecht gegen den Ball, so stehen jeder Partei erneut drei Ballberührungen zu. Auch die beteiligten Spieler können dabei den ersten Schlag ausführen. Springt der Ball ins Aus, so bekommt die Mannschaft gegenüber einen Fehler angerechnet; fällt er ins Feld, so erhält diejenige Mannschaft den Fehler, der dieses Feld gehört. Wird der Ball von beiden Seiten gehalten, so erfolgt Wiederholung des Aufschlags (Doppelfehler). Voraussetzung für die Entscheidung auf gleichzeitige Kontakte ist also einmal, daß beide Spieler genau gleichzeitig berühren, daß dies genau über der Netzkante geschieht (keiner greift über) und daß der Ball von beiden Beteiligten regelgemäß gespielt wird.

f) *Zählweise und Rotation bei Aufschlagwechsel*

Im Bestreben, die Dauer eines Volleyballspiels zu verkürzen und berechenbarer zu machen, änderte man in letzter Zeit mehrfach die Zählweise.

Derzeit gilt, daß eine Mannschaft bei jedem gewonnenen Spielzug einen Punkt erhält. Wird der Spielzug bei gegnerischem Aufschlag gewonnen, so erhält die Mannschaft zusätzlich das Aufschlagrecht. Den Aufschlag darf nun aber nicht der in diesem Augenblick auf Position I stehende Spieler ausführen, sondern derjenige, der nach der Rotation auf diesen Platz kommt. Dabei tauschen alle Spieler im Uhrzeigersinn ihre Plätze (*Abb. 88,* Seite 122) und der bisher rechts vorne stehende Spieler schlägt auf.

Ein Satz ist beendet, wenn eine Mannschaft 25 Punkte mit einem Vorsprung von zwei Punkten erreicht hat. Bei 24 : 24 wird weitergespielt, bis ein Vorsprung von zwei Punkten erreicht ist (26 : 24; 27 : 25 usw.).

Sieger ist die Mannschaft, die drei Sätze gewinnt. Bei einem 2 : 2-Gleichstand folgt ein Entscheidungssatz. Dieser ist jedoch schon bei 15 Punkten mit einem Vorsprung von mindestens zwei Punkten gewonnen. Der

Zwei-Punkte-Vorsprung ist jedoch nur bis zu 16 Punkten erforderlich. Danach gilt: Wer den siebzehnten Punkt erzielt, ist der Sieger.

3. Ergänzungen und neue Regeln für den Wettkampf

a) *Das Abspiel*

Die schwierigsten und umstrittensten Schiedsrichterentscheidungen betreffen meist das Pritschen. Vor allem dann, wenn ein Schiedsrichter nicht jeden Fehler abpfeifen will und einen Mittelweg sucht.

Der Wortlauf des Regelheftes findet dafür nur dehnbare Formulierungen: „Der Ball muß geschlagen werden, er darf nicht gehalten und/oder geworfen werden. Er kann in jede beliebige Richtung zurückspringen." Weder die Bewegungen des Spielers vor oder nach der Berührung noch das durch den Kontakt mit dem Ball verursachte Geräusch dürfen die Beurteilung der Berührung beeinflussen.

Pritschen mit einer Hand ist erlaubt, doch sind dabei dieselben Ansprüche zu stellen, als ob das Abspiel mit beiden Händen erfolgt wäre. Bemühen sich zwei oder mehrere Spieler einer Mannschaft um den Ball, berühren sich dabei oder stoßen zusammen, aber nur einer berührt den Ball, so gilt dies als ein Schlag. Lediglich ein Aufstützen beim Schlag zählt als Fehler.

b) *Der Aufschlag*

Er muß vom jeweiligen rechten Hinterspieler ausgeführt werden. Schlägt ein Spieler auf, der nicht an der Reihe ist, so sind alle in der falschen Aufstellung erzielten Punkte ungültig. Die Mannschaft muß sofort die richtige Aufstellung einnehmen und dem Gegner das Aufschlagrecht überlassen. Der Aufschlag erfolgt aus der Aufgabezone *(Abb. 86,* Seite 119). Der Spieler muß sich im Augenblick der Ballberührung hinter der Grundlinie und zwischen den seitlichen Begrenzungslinien befinden bzw. darf den Boden außerhalb der Aufgabezone erst danach betreten.

Der Schlag kann im Stand, im Lauf oder im Sprung, mit offener oder geschlossener Hand oder mit dem Arm erfolgen.

Aus der Hand schlagen gilt als Fehler. Vor dem Schlag ist der Ball hochzuwerfen oder die haltende Hand wegzuziehen. Fällt der angeworfene Ball auf den Boden oder wird er aufgefangen, so gilt dies als mißglückter Aufschlag.

Der Aufschlag muß innerhalb acht Sekunden nach dem Pfiff des Schiedsrichters erfolgen. Wird vor dem Pfiff geschlagen, so gibt es Wiederholung. Der Ball darf das Netz, nicht jedoch die Antennen berühren und auch nicht außerhalb der Begrenzungsstreifen über das Netz zum Gegner fliegen. Weder ein eigener Spieler noch irgendein Gegenstand darf ihn im Flug berühren.

Den Gegenspielern darf die freie Sicht zum Aufschläger nicht absichtlich verdeckt werden, z. B. durch Armbewegungen oder Zusammenstellen in Gruppen (Sichtblock). Ein Aufschlag darf von der annehmenden Mannschaft weder geblockt noch aus der Vorderzone zurückgeschmettert werden.

c) *Der Angriffsschlag*

Der Angriff erfolgt meist sehr nahe am Netz. Der Schiedsrichter muß daher aufmerksam darauf achten, ob sich die Hand des Angreifers im Augenblick der Ballberührung jenseits der Netzkante, also über dem gegnerischen Feld befindet, ob der Spieler beim Schlag oder danach das Netz berührt oder ob er bei der Landung das gegnerische Feld betritt. Erst wenn sich mindestens ein Fuß völlig im Gegenfeld befindet — und nicht mehr auf oder über der Linie — zählt dies als Übertreten. (Aus diesem Grund sollte die Mittellinie auch die vorgeschriebene Breite von 5 cm haben.) Übertreten fällt in den Zuständigkeitsbereich des zweiten Schiedsrichters; ebenso Fehler bei Angriffen von Hinterspielern und, auf seiner Seite des Spielfeldes, Kontakt des Spielers mit Netz oder Antenne und Bälle, die außerhalb der Antenne das Netz überqueren.

In der Vorderzone dürfen nur Angriffsspieler schmettern. Ein Hinterspieler kann außerhalb dieser Zone ohne Einschränkung abspielen und schmettern, darf auch von dort abspringen und anschließend innerhalb landen. Lediglich beim Absprung in der Vorderzone, die Angriffslinie gehört dazu, und bei einem Ball, der sich beim Abspiel mit vollem Umfang höher als die obere Netzkante befindet, zählt ein über das Netz spielen als Fehler.

Führen ist verboten. Schmetterschlag und Lob erfolgen mit der offenen Hand, dabei kann es leicht geschehen, daß diese den Ball zu lange berührt und in der Schlagbewegung führt. Oft erkennt der Schiedsrichter leicht, daß die Hand am Ball „klebt" oder in eine andere Richtung gezogen wird. Schläge mit der Faust oder mit festen Teilen der Hand werden äußerst selten in diesen Fehlerbereich fallen; deshalb schließen geschickte Spieler immer dann die Hand beim Schlag oder schlagen mit festem Handgelenk, wenn Unterlaufen oder Netznähe ein schnelles Durchziehen des Armes nicht mehr erlauben.

d) *Der Block*

Eine Menge Sonderregeln wurden in den letzten Jahren zum Blockieren erlassen, um der Verteidigung bessere Chancen bei der Abwehr von Schmetterangriffen zu geben.

Ein Ballkontakt beim Block zählt nicht als erster Schlag. Die Mannschaft hat danach noch drei Schläge für das Rückspiel. Der Ballkontakt kann aus aufeinanderfolgenden Ballberührungen eines Spielers oder mehrerer Spieler bestehen, falls dies innerhalb derselben Aktion geschieht. Jeder am Block beteiligte Spieler darf den abgeprallten Ball sofort ein zweites Mal spielen oder Schmettern. Diese Aktion zählt jedoch als die erste der drei nach der Blockberührung erlaubten Ballberührungen. Der Block darf über das Netz greifen und den Ball dort abwehren. Berührt er den Ball jedoch vor dem gegnerischen Angreifer oder gleichzeitig, so ist dies ein Fehler. Die Blockspieler müssen also die gegnerische Aktion abwarten.

Als Angriff gilt jeder Ball, der innerhalb der gültigen Grenzen über das Netz fliegt oder von einem Blockspieler berührt wird.

Als Blockversuch gelten nur solche Aktionen, bei denen eine Hand oder beide Hände über die Netzoberkante gehoben werden.

Nur Angriffsspieler dürfen blockieren.

Besonders häufige Fehler beim Blockieren sind Netzberührung, Überschreiten der Mittellinie und Halten des Balles (zwischen Händen und Netz, wenn der Spieler vom Blocksprung herunterkommt).

e) *Auslosung und Seitenwechsel*

Die Mannschaftsführer losen vor Spielbeginn und vor Beginn des Entscheidungssatzes um das Vorrecht, den ersten Aufschlag oder die Seite wählen zu dürfen.

Nach jedem Satz werden die Seiten gewechselt, ebenso wechselt das Aufschlagrecht. Im Entscheidungssatz ist Seitenwechsel, sobald die führende Mannschaft acht Punkte erreicht hat; das Aufschlagrecht bleibt erhalten.

f) *Auszeit und Spielerwechsel*

Pro Satz kann jede Mannschaft zwei Auszeiten von je 30 Sekunden Dauer beanspruchen. In jedem Satz sind jeder Mannschaft sechs Auswechslungen gestattet. Das Auswechseln erfolgt fliegend, sobald der Ball nicht im Spiel ist und muß dem Schiedsrichter angezeigt werden. Es können also der Reihe nach oder auf einmal sechs Spieler durch Auswechselspieler ersetzt werden. Ebenso ist es möglich, drei Spieler herauszunehmen und später wieder mit den Auswechselspielern zu tauschen. Der ausgewechselte Stammspieler kann jedoch nur gegen seinen Auswechselspieler wieder eintreten.

g) *Aufschlagreihenfolge und Aufstellungsfehler*

Zu Beginn jedes Satzes legt sich jede Mannschaft auf eine bestimmte Aufschlagreihenfolge oder Aufstellung fest. Im Augenblick des Aufschlags muß jeder Spieler seinen Platz im Spielfeld gemäß dieser Aufstellung einnehmen, die sich bei jeder Rotation um einen Platz verschiebt. Der richtige Spieler muß also aufschlagen, und außerdem muß jeder Vorderspieler näher an der Mittellinie stehen als sein Hinterspieler, d. h. II näher an der Mittellinie als I, ebenso III und VI sowie IV und V. Auch nebeneinanderstehende Hinterspieler und nebeneinanderstehende Vorderspieler dürfen ihre Plätze nicht tauschen. Gleiche Höhe gilt schon als Fehler. Dies gilt für beide Mannschaften, aber nur solange, bis der Aufschlag erfolgt. Anschließend können die Plätze beliebig vertauscht werden und nur die Einschränkung, daß Hinterspieler im Angriffsraum weder schmettern noch blockieren dürfen, bleibt bestehen. Zum nächsten Aufschlag müssen die Spieler wieder die festgelegte Reihenfolge einnehmen.

h) *Kampfgericht*

Der erste Schiedsrichter sitzt erhöht in Verlängerung der Mittellinie *(Abb. 86)*, leitet das Spiel und hat in allen Fragen die letzte Entscheidung. Der zweite Schiedsrichter steht genau gegenüber, achtet auf Fehler an der Mittellinie, auf Netzberührungen (ausgenommen Netzoberkante) sowie auf Aufstellungsfehler bei der annehmenden Mannschaft. Der Anschreiber notiert auf einem Spielberichtsbogen den Spielverlauf, kontrolliert die Aufschlagreihenfolge, Auswechslungen und Auszeiten und verkündet laut den Spielstand, wenn keine Anzeigetafel vorhanden ist.

Die Linienrichter befinden sich zwei Meter von den Spielfeldecken, die den Aufgabezonen entgegengesetzt liegen.

i) *Ball und Netzhöhen*

Der Volleyball hat einen Umfang von 65 bis 67 cm und wiegt 260 bis 280 g. Die Netzhöhe wird in der Mitte des Feldes vom Boden bis zur Netzoberkante gemessen, über den Seitenlinien dürfen die Maße bis zu zwei Zentimeter überschritten werden.

Netzhöhe

Altersklasse	männlich	weiblich
Jugend E (bis 10 Jahre)	2,10 m	2,10 m
Jugend D (bis 12 Jahre)	2,15 m	2,15 m
Jugend C (bis 14 Jahre)	2,24 m	2,20 m
Jugend B (bis 16 Jahre)	2,35 m	2,24 m
Jugend A (bis 18 Jahre)	2,43 m	2,24 m
Aktive	2,43 m	2,24 m

Spielfeldmaße und Markierungen siehe *Abb. 86.*

 Mannschaft, die aufgibt

 Gehaltener Ball

 Eindringen in die
gegnerische Spielhälfte

 Auszeit

 vier Finger = vier Schläge
zwei Finger = Doppelschlag
fünf Finger = Verzögerung bei der Aufgabe

 Netz berührt durch
den Ball bei der Aufgabe
oder durch einen Spieler

 Über
das Netz langen

 Doppelfehler und
Wiederholung

 Ball außerhalb

 Spielerauswechslung

Abb. 101

4. Schiedsrichterzeichen

Die internationalen Schiedsrichterzeichen *(Abb. 101)* sollen nicht nur die beschriebenen Fehler und Vorschriften verdeutlichen, sondern können bei Wettkämpfen und Übungsspielen wirksam helfen.
Wer Schiedsrichterzeichen gebraucht, muß seine Entscheidungen nur selten kommentieren und wird auch eher Diskussionen mit Spielern vermeiden können. Statt über Fehler zu sprechen, kann er bei Übungsspielen kurze Anweisungen zur Technik oder Taktik anbringen.

III. Ausrichten von Turnieren

Der Vergleich mit anderen Mannschaften im Wettkampf bildet den besten Anreiz und die Krönung für das Training. Ein solcher Wettkampf, gleichgültig, ob im Klassenrahmen Dreiermannschaften auf Kleinfeldern spielen, ob eine Schulmeisterschaft oder ein Turnier von Auswahlmannschaften verschiedener Schulen ausgetragen werden sollen, stellt den Ausrichter vor größere Schwierigkeiten als gleichartige Veranstaltungen in anderen Ballspielen.

1. Technische Schwierigkeiten

Spielfeld und Netzanlage müssen den Regeln entsprechen *(Abb. 86;* Abschnitt Q. I. und II.).
Eine Anzeigetafel (Ersatz: Schreibtafel und Kreide), ein Schiedsrichterstuhl (Ersatz: Sprungkasten oder zwei aufeinandergestellte Kleinkästen) für jedes Spielfeld sowie ein Tisch für die Wettkampfleitung vervollkommnen die Einrichtung. Internationale Spielberichtsbogen verwendet man nur bei großen Spielen, normalerweise genügt die Aufzeichnung der Endergebnisse durch die Turnierleitung.

2. Zeitplan und Spieldauer

Beide hängen von der Zahl der teilnehmenden Mannschaften, der zur Verfügung stehenden Zeit und den vorhandenen Spielfeldern ab.

a) *Spiel nach Zeit*

Legen wir eine bestimmte Spieldauer, zum Beispiel 15 Minuten oder zweimal 10 Minuten fest, so entspricht dies zwar nicht den internationalen Regeln, erleichtert aber die Organisation ungemein. Stehen nach Ablauf der regulären Spielzeit (bei Halbzeit erfolgt Seitenwechsel) zwei Mannschaften gleich oder nur einen Ball voneinander, so wird auf diesem Spielfeld weitergespielt, bis eine Mannschaft zwei Bälle Vorsprung herausgespielt hat. Für interne Großturniere eignet sich das Spiel nach Zeit sehr gut, denn es ermöglicht eine genaue Zeiteinteilung.

b) **Spiel nach Sätzen**

Normalerweise sollen auch Schülermannschaften nach Sätzen spielen (Abschnitt Q. II., S. 143). Dabei kann allerdings die Dauer eines Spiels und damit ein Zeitplan nur ungefähr festgelegt werden. Wir müssen davon ausgehen, daß Anfänger und Mannschaften mit sehr unterschiedlicher Spielstärke in 10 bis 12 Minuten einen Satz ausspielen. Bei ausgeglichener Spielstärke und ebenso, wenn die Schiedsrichter sehr milde amtieren, müssen wir mit 15 bis 18 Minuten pro Satz rechnen.

c) **Zwei Sätze entscheiden**

Der Zeitplan wird sich höchstens um einige Minuten verschieben, wenn jede Begegnung nur über zwei Sätze geht. In einem solchen 2-Sätze-Turnier können die Spiele 2:0 oder 1:1, also unentschieden ausgehen (siehe Vorrunde auf Seite 153). Der Sieg und die Placierung ergeben sich aus dem Satzverhältnis; bei Satzgleichheit entscheidet das Ballverhältnis (Seite 153: Staffel I der erste und zweite Platz). Der Vorteil dieser Regelung besteht neben der besseren zeitlichen Übersicht darin, daß um jeden Ball, erst recht um jeden Satz gekämpft wird.

d) **Zwei Gewinnsätze entscheiden**

Die international vorgeschriebenen drei Gewinnsätze sind bei Schülerturnieren unangebracht. Normalerweise beschränken wir die Spiele auf zwei Gewinnsätze. Eine Mannschaft, die zwei Sätze gewonnen hat, ist Sieger der Begegnung. Bei Satzgleichstand (1:1) wird neu ausgelost, beim Spielstand von 8 Punkten die Seite gewechselt, und schon der dritte Satz — nicht erst der fünfte wie bei drei Gewinnsätzen — bringt die Entscheidung.

Der Zeitplan kann sich bei solchen Spielen sehr stark verschieben; die Mannschaften können mitunter Satzverluste oder ein schlechtes Ballverhältnis ohne weiteres hinnehmen. Die Regelung entspricht jedoch den offiziellen Vorschriften und schließt Zufallsergebnisse in der Placierung aus.

3. Austragungsmodus

a) **K.-o.-System oder Pokalsystem**

Nur die Sieger jeder Begegnung kommen eine Runde weiter, die Verlierer scheiden aus. Dieses System hat zwei große Vorteile: viele Mannschaften können teilnehmen und wenige Spiele sind erforderlich, um den Sieger zu ermitteln.

Dagegen spricht, daß die Hälfte der Mannschaften nur ein einziges, ein weiteres Viertel nur zwei „wichtige" Spiele austragen dürfen und ihnen dann nur noch eine Trostrunde bleibt. Außerdem kann die Auslosung der Paarungen zu Ungerechtigkeiten führen, selbst dann, wenn die stärksten Mannschaften gesetzt sind, das heißt erst in der zweiten oder dritten Runde aufeinandertreffen können.

b) *Jeder gegen jeden*

Jede beteiligte Mannschaft spielt gegen jede andere. Diejenige Mannschaft, die die meisten Spiele gewonnen hat, ist Sieger. Stehen Mannschaften gleich, so kann der Sieger folgendermaßen ermittelt werden: Entscheidungsspiel zwischen den gleichen Mannschaften; das Ergebnis des Spiels dieser beiden Mannschaften gegeneinander gibt den Ausschlag; das bessere Satzverhältnis entscheidet, bei Satzgleichheit wird das bessere Ballverhältnis herangezogen.

Bei offiziellen Meisterschaften rechnet man nach dem Divisionsverfahren, wobei die Zahl der gewonnenen Punkte bzw. Bälle durch die der verlorenen geteilt wird und der höhere Koeffizient den besseren Platz bedeutet (Seite 153: 87 : 52 = 1,67 ist besser als 77 : 61 = 1,26).

Die Zahl der bei diesem System erforderlichen Spiele (S) errechnet sich bei m teilnehmenden Mannschaften nach der Formel

$$S = \frac{m \cdot (m-1)}{2};$$ bei acht teilnehmenden Mannschaften sind also

$$\frac{8 \cdot (8-1)}{2} = 28$$ Spiele anzusetzen.

Rundenspiele — Jeder gegen jeden — sind die sportlich gerechteste Lösung, da höchstens eine ungünstige Spielfolge eine Mannschaft benachteiligen könnte. Ihr großer Nachteil sind die hohe Anzahl der notwendigen Spiele und die Möglichkeit, daß es bis zum Schluß wenig spannende Begegnungen geben kann und kein Endspiel stattfindet.

c) *Gemischte Systeme*

Das Teilnehmerfeld wird durch Los in gleichgroße Staffeln geteilt, in denen nach dem Modus „Jeder gegen jeden" eine Vorrunde ausgespielt wird (Seite 153: zwei Viererstaffeln).

Zur Ermittlung des Siegers und der Placierungen bestehen danach mehrere Möglichkeiten:

Die Staffelsieger bestreiten das Endspiel, die Staffelzweiten spielen um die Plätze drei und vier usw. (Seite 153: die Plätze 5 bis 8 werden auf diese Weise ermittelt). Sind mehr als zwei Vorrundenstaffeln vorhanden, so kommen alle Staffelsieger in eine Endrundengruppe und spielen so wie in der Vorrunde gegeneinander um die besten Plätze; die Staffelzweiten verfahren ebenso in einer weiteren Endrundengruppe im Kampf um die folgenden Plätze usw.

Ungerechtigkeiten der Staffelauslosung lassen sich durch sogenannte Überkreuzvergleiche mildern. Die Staffelsieger spielen dabei gegen die Zweiten der anderen Staffel (Seite 153: Endrunde), und erst die Sieger dieser Überkreuzvergleiche kommen ins Endspiel; die Verlierer spielen um den dritten und vierten Platz.

Der Vorteil der gemischten Systeme besteht darin, daß jede Mannschaft gleichviele Spiele zu absolvieren hat und in der Schlußrunde gleichwertige Gegner erhält. Die Gesamtzahl der Spiele wird reduziert, und ein Endspiel kann das Turnier krönen. Nachteilig bemerkbar machen kann sich manchmal der Einfluß des Auslosens bei der Staffeleinteilung.

4. Die Spielfolge

Nach dem folgenden Schema kann ohne viel Kopfzerbrechen eine gerechte und für alle Mannschaften günstige Spielfolge für ein Turnier aufgestellt werden. Sechs Mannschaften würden dann auf drei Spielfeldern beim Modus „Jeder gegen jeden" folgendermaßen spielen:

	Feld 1	Feld 2	Feld 3
1.	1—6	2—5	3—4
2.	2—3	6—4	5—1
3.	1—4	5—3	6—2
4.	5—6	3—1	4—2
5.	4—5	1—2	3—6

Bei fünf Mannschaften streichen wir einfach die Paarung mit der Zahl 6.

5. Kaiserturnier

Diese Turnierform eignet sich ausgezeichnet für Klassenmeisterschaften im Minivolleyball. Man braucht mindestens drei nebeneinanderliegende Spielfelder. Auf allen Feldern beginnen und enden die Spiele gleichzeitig. Steht auf einem Spielfeld bei Abpfiff der Sieger nicht fest, so wird dort weitergespielt, bis eine Mannschaft zwei Bälle Vorsprung hat.

Nun wechseln zur nächsten Spielrunde alle Sieger auf das linke, alle Verlierer auf das rechte Nachbarfeld; ausgenommen sind der Sieger des linken und der Verlierer des rechten Randfeldes. Durch diese Maßnahme erhalten schwache wie starke Mannschaften von Runde zu Runde gleichwertigere Gegner. Nach einigen Spielrunden — mindestens halb so viele wie die Zahl der Mannschaften — haben sich dann die stärksten Mannschaften nach links durchgespielt (man muß deshalb dafür sorgen, daß diese nicht gleich dort anfangen). Überzählige Mannschaften (ungerade Teilnehmerzahl oder fehlendes Spielfeld) beginnen auf einer Wartebank neben einem Mittelfeld und tauschen nach jeder Runde mit dem Verlierer dieses Feldes den Platz.

6. Beispiel für die Durchführung eines Turniers

Volleyball Schulmeisterschaft 1965	**Kepler-Gymnasium Freiburg Oberstufe**
Vorrunde, Montag, 20. 9. 1965	

2 Sätze	Staffel I: OIIb UIc OIIIa UIIa
	Staffel II: OIc UIb OIIIb UIIc

Obere Halle	**Untere Halle**
Leitung: Stork	*Leitung: Dürrwächter*

Zeit	Spiel	Schiri	Satz 1.	2.	Spiel	Schiri	Satz 1.	2.
14.00	OIIb:UIIa	OIc	11:15	10:15	UIc:OIIIa	UIb	15:11	2:15
14.30	OIc:UIIc	OIIb	13:15	11:15	UIb:OIIIb	UIc	15: 1	15: 3
15.00	OIIb:OIIIa	OIc	14:16	7:15	UIIa:UIc	UIb	7:15	8:15
15.30	OIc:OIIb	OIIb	15: 9	16:14	UIIc:UIb	UIc	3:15	5:15
16.00	OIIb:UIc	OIc	10:15	10:15	OIIIa:UIIa	UIb	15: 3	15:11
16.30	OIc:UIb	UIc	6:15	7:15	OIIIb:UIIc	UIIa	4:15	16:14

Placierung		Staffel I				Staffel II		
	Klasse	Sätze	Bälle		Klasse	Sätze	Bälle	
1.	OIIIa	5:1	87:52	1,67	UIb	6:0	90:25	
2.	UIc	5:1	77:61	1,26	UIIc	3:3	67:74	
3.	UIIa	2:4	59:81		OIc	2:4	68:83	
4.	OIIb	0:6	62:91		OIIIb	1:5	47:90	

Die Endrunde findet am Montag, 4. 10. 1965, statt.

Reihenfolge der Spiele:

14.30	**Überkreuzvergleiche:**	OIIIa:UIIc
		UIb:UIc
15.15	**Spiele um die Plätze 5—8:**	OIIb:OIIIb
		UIIa:OIc
16.00	**Spiel um die Plätze 3—4:**	Verlierer Überkreuzvergleiche
17.00	**Endspiel**	Sieger Überkreuzvergleiche

Alle Spiele der Endrunde gehen über 2 Gewinnsätze

IV. Spielregeln für Minivolleyball

1. Sonderbestimmungen für D- und E-Jugend

Spielfeld je Hälfte 7×7 m (D-Jugend), 6×6 m (E-Jugend)
Netzhöhe: D-Jugend 2,15 m, E-Jugend 2,10 m
(jeweils Jungen und Mädchen)
Mannschaftsstärke: D-Jugend 4 Spieler, E-Jugend 3 Spieler

Im Minivolleyball gelten die offiziellen Spielregeln mit folgenden Ausnahmen:
1. Deckenberührung: Nach dem ersten Ballkontakt darf der Ball die Decke oder eine Deckenvorrichtung berühren und im eigenen Feld weitergespielt werden.
2. Die Aufgabe ist entlang der gesamten Grundlinie möglich.
3. Die Spiele werden nur von einem Schiedsrichter geleitet.

2. Die internationalen Minivolleyball-Regeln

Diese Regeln des Internationalen Volleyballverbandes von 1983 sind als weltweit gültige Empfehlungen für die Regelung des Minivolleyballspiels gedacht.

Einleitung

Minivolleyball ist ein Spiel für Kinder bis zur Vollendung des zwölften Lebensjahres. Das Spielfeld wird durch eine Mittellinie und ein darüber befindliches Netz in zwei Spielfeldhälften geteilt; in jeder spielt eine Mannschaft. Das Ziel der Spieler ist es, den Ball regelgerecht über das Netz auf den Boden des gegnerischen Feldes zu spielen und zu verhindern, daß der Ball im eigenen Feld den Boden berührt.

Der Ball wird durch eine Aufgabe ins Spiel gebracht. Dabei muß er mit einer Hand oder einem Arm geschlagen werden und direkt über das Netz ins gegnerische Feld fliegen. Jede Mannschaft darf den Ball dreimal berühren (zusätzlich zu einer eventuellen Blockberührung), um ihn ins gegnerische Feld zurückzuspielen. Zählweise und Rotation erfolgen nach den Internationalen Spielregeln (siehe Seite 143).

1. Regel: Spielfeld und Ausrüstung

Beim Drei-Spieler-System ist das Spielfeld 6×12 m groß. Die Höhe des Netzes beträgt 2,10 m. Bei vier Spielern pro Mannschaft mißt jede Spielfeldhälfte 7×7 m und das Netz ist 2,20 m hoch. Der Ball ist kugelförmig, aus dehnfähigem Leder, Gummi oder Plastik, wiegt 210 bis 220 Gramm und hat einen Umfang von 64 bis 67 cm.

2. Regel: Mannschaften

Jede Mannschaft besteht aus Feld- und Auswechselspielern. Die Zahl der möglichen Auswechslungen entspricht der Zahl der Feldspieler. Jede Mannschaft kann einen Trainer (oder Manager) haben; dieser und der Kapitän sind die einzigen, die Auszeiten oder Spielerwechsel verlangen dürfen. Die Spieler müssen einheitliche Trikots von gleicher Farbe und mit Nummern tragen.

3. Regel: Aufstellung

Bei der Aufgabe müssen alle Spieler beider Mannschaften in der richtigen Aufgabenreihenfolge im Feld stehen.

4. Regel: Aufgabe

Der Ball wird vom Hinterspieler von hinter der Endlinie ins Spiel gebracht. Er muß den Ball mit einer Hand über das Netz ins Gegenfeld schlagen. Er darf das Spielfeld nicht betreten, ehe er den Ball geschlagen hat. Aufgabefehler sind, wenn der Ball einen Spieler oder irgendeinen Gegenstand über oder neben dem Spielfeld berührt.

5. Regel: Ballberührungen im Spiel

Nach der Aufgabe darf der Ball mit einer Hand oder mit beiden Händen und mit jedem Körperteil oberhalb der Gürtellinie gespielt werden. Der Ball muß sauber gespielt und darf nicht gehalten oder geschoben werden. Eine doppelte Berührung ist erlaubt, wenn diese gleichzeitig geschieht. Zwei aufeinanderfolgende Berührungen durch ein-und-denselben Spieler sind nicht erlaubt, es sei denn, die erste Berührung war eine Blockaktion. Die Mannschaften sind berechtigt, zusätzlich zur Blockberührung den Ball dreimal zu berühren, ehe er ins Gegenfeld zurückfliegt.

6. Regel: Spiel am Netz

Kein Spieler darf das Netz berühren. Er darf die Mittellinie, nicht aber das gegnerische Feld betreten. Im Angriff darf kein Spieler über das Netz reichen. Beim Block darf der Ball schon über dem gegnerischen Feld berührt werden.

7. Regel: Rotation

Wenn eine Mannschaft das Aufgaberecht erhält, müssen ihre Spieler eine Rotation um einen Platz im Uhrzeigersinn vornehmen.

8. Regel: Spielunterbrechung

Jede Mannschaft kann in jedem Satz zwei Auszeiten von je 30 Sekunden Dauer und sechs Auswechslungen verlangen.

9. Regel: Sonderregeln für das System mit festem mittlerem Grundspieler[1]

Spielfeldmaße 8 m×16 m; sechs Feldspieler. Eine 2,7 m parallel zur Mittellinie verlaufende Angriffslinie begrenzt die Vorderzone. Nur die Vorderspieler dürfen einen über Netzhöhe befindlichen Ball von der Vorderzone aus über das Netz spielen. Der mittlere Hinterspieler bleibt immer auf seinem Platz; bei Rotation nimmt der rechte Hinterspieler den Platz des linken Hinterspielers ein, und der rechte Vorderspieler schlägt auf. Lediglich dreimal in jedem Satz und ein weiteres Mal beim Spielstand von 14:14 darf der mittlere Hinterspieler zum Aufschlag eingesetzt werden. In diesen Fällen verliert der jeweilige rechte Hinterspieler sein Aufgaberecht.

10. Regel: Schiedsrichter und Spielleitung

Das Spiel wird von einem Schiedsrichter geleitet, der durch Pfiff jeden Spielzug eröffnet und bei einem Fehler unterbricht. Er hat dafür zu sorgen, daß die Spielregeln eingehalten werden und daß das Spiel auf sportliche und faire Weise abläuft.

Während des Spiels sind die Entscheidungen des Schiedsrichters endgültig.

Der Schiedsrichter kann verlangen, daß Spieler und Trainer sich sportlich verhalten. Bei ernsten Beleidigungen und wiederholten Protesten kann der Schiedsrichter verwarnen, bestrafen, disqualifizieren und herausstellen, so wie dies in den Internationalen Volleyballregeln der FIVB vorgesehen ist.

11. Regel: Empfehlungen

Aus erzieherischen Gründen wird der Einsatz der jungen Spieler als Schiedsrichter empfohlen. Aus derselben Erwägung sollte die Leitung der Mannschaft vom Mannschaftskapitän und nicht vom Trainer vorgenommen werden.

12. Regel: Streitfälle bei der Regelauslegung

Entstehen Unstimmigkeiten wegen Tatbeständen, die in diesen Minivolleyballregeln nicht erwähnt sind, so gelten die Internationalen Volleyball-Spielregeln.

---

[1] Dieses System ist besonders im japanischen Minivolleyball üblich. Überall sonst gilt ein Spiel von Sechsermannschaften nicht als Minivolleyball.

Literatur

BAACKE: Mini-Volleyball (Einführung für Kinder von 9—12 Jahren). Münster 1977.
BACHMANN, E. u. M.: 1005 Spiel- und Übungsformen im Volleyball. Schorndorf 1985.
Deutscher Volleyball-Verband: Internationale Volleyball-Spielregeln. Schorndorf 1986[25].
DÖRING, F./KARBE, S./LÖSCHER, A.: Volleyball, Anleitung für Übungsleiter. Berlin 1981.
FIEDLER, M. u. a.: Volleyball — Taktik, Technik und Trainingsmethodik. Berlin (Ost) 1985[6].
FRÖHNER, B.: Volleyball (Reihe „Schülersport"/DDR). Berlin 1974.
GÖTSCH, W./PAPAGEORGIOU, A./TIEGEL, G.: Mini-Volleyball. Berlin 1980.
MEDLER, M.: Hinführung zum Volleyball im 5. und 6. Schuljahr. Neumünster 1977.

Anschrift des Verfassers:

Prof. Dr. Gerhard Dürrwächter
Hochfirststraße 10
D-79115 Freiburg

Edi und Martin Bachmann

1005 Spiel- und Übungsformen im Volleyball und Beach-Volleyball

Walter Bucher (Hrsg.)

1005 Spiel- und Übungsformen im Volleyball und Beach-Volleyball

Autorenkollektiv
Redaktion:
Edi und Martin Bachmann

8., neubearbeitete Auflage

Jetzt auch auf CD-ROM lieferbar!

Verlag Hofmann Schorndorf

8., neubearbeitete Auflage 1998

1982. DIN A 5 quer, 348 Seiten, ISBN 3-7780-6258-1 **(Bestellnummer 6258)**

Diese Spielsammlung stellt allgemein bekannte, aber auch viele neue, wenig verbreitete Übungs- und Spielformen vor, die dem Anfänger, Fortgeschrittenen und Könner im Einzel-, Zweier-, Gruppen- und Mannschaftstraining vermittelt werden können. Mit klaren Spielbeschreibungen, Zeichnungen und Fotografien werden die Spiel- und Übungsvarianten in Zielsetzung, Ablauf und Organisation auf angenehme und zum Teil auch humorvolle Art verständlich gemacht. Das Buch orientiert sich weniger am Prinzip des progressiven Aufbaus, sondern mehr an thematisch definierten Zielgrößen, das heißt man kann wie bei einem Kochrezeptbuch geeignete Menüs aussuchen, oder wie bei einem Baukasten diese oder jene Elemente herauslösen und zu etwas Neuem zusammensetzen.

Diese Flexibilität gestattet:

– Die Individualität und Originalität des Leiters und der Spieler zu respektieren bzw. zu aktivieren.
– Ein ausgewogenes Verhältnis zwischen den verschiedenen Volleyball-techniken anzustreben oder ganz bestimmte Schwerpunkte zu setzen.
– Die Spiel- und Übungsformen den gegebenen personellen, situativen und zeitlichen Umständen anzupassen.

In das vorliegende Sammelwerk sind grundlegende Kenntnisse und ganz besonders die alltäglichen Erfahrungen von acht Sportpädagogen mit jahrelanger Unterrichtspraxis eingeflossen. Es bringt Ideen für Interessierte aller Stufen, welche ihre Spieler durch abwechslungsreiche, sinnvolle und erfolgversprechende Trainings- und Spielformen für das Volleyballspiel gewinnen wollen. Freude, Spaß und Erfolg können mit diesem Buch nun gefördert werden.

 **Verlag Karl Hofmann** Postfach 1360 · 73603 Schorndorf
Tel. (0 71 81) 402-125, Fax (0 71 81) 402-111   E-Mail: hofmann@hofmann-verlag.de

Schriftenreihe
zur Praxis
der Leibeserziehung
und des Sports

Band 197

Gerhard Dürrwächter

VOLLEYBALL
ANGRIFFS-
TRAINING

Übungssammlung
auf Karteikarten

Verlag Hofmann Schorndorf

Prof. Dr. Gerhard Dürrwächter

Volleyball Angriffstraining

Übungssammlung auf Karteikarten

1991. DIN A 5, 81 Arbeitskarten und ein 24-seitiges Begleitheft, ISBN 3-7780-9971-X **(Bestell-Nr. 9971)**

Verglichen mit einem Training, das sich auf das „Einschmettern auf der IV" beschränkt, macht ein vielseitiges, abwechslungsreiches und mit anderen Trainingszielen verknüpftes Angriffstraining nicht nur mehr Spaß, sondern verhilft auch jeder Mannschaft und Übungsgruppe zu einem erfolgreichen Angriffsspiel. Diese erste Übungskartei besteht aus 81 Karten im DIN-A5-Format. Die Karten sind nach steigendem Schwierigkeitsgrad oder ähnlichem Übungscharakter geordnet. Die Dezimaleinteilung soll das Auffinden und Wiedereinordnen der Karten erleichtern und ein Ergänzen der Kartei durch eigene Karten vorbereiten.

Ein Hauptanliegen dieser Übungssammlung auf Karteikarten gilt der Arbeitserleichterung und Zeitersparnis beim Planen, Vorbereiten und Durchführen von Volleyballunterricht und Volleyballtraining.

Die Karten erübrigen Auszüge oder Kopien aus Lehrbüchern und Zeitschriften. Bei erfahrenen Lehrern und Trainern können sie sogar als Gedächtnisstütze zusätzliche schriftliche Vorbereitungen völlig ersetzen.

In einem Begleitheft sind u. a. Hinweise zum Einsatz der Karten und zur Technik des Schmetterschlags, ein Abschnitt über Sicherheitsmaßnahmen beim Angriffstraining und eine Zusammenstellung der einschlägigen Spielregeln enthalten.

Verlag Karl Hofmann

Tel. (0 71 81) 402-125, Fax (0 71 81) 402-111

Postfach 1360 · 73603 Schorndorf
E-Mail: hofmann@hofmann-verlag.de

Prof. Dr. Gerhard Dürrwächter

Aufwärmen,
nicht nur lästige Pflichtübung!

90 Aufwärmeinheiten, die Spaß machen

Gerhard Dürrwächter

Aufwärmen,
nicht nur lästige
Pflichtübung!

Verlag Karl Hofmann Schorndorf

1996. DIN A 5, 196 Seiten,
ISBN 3-7780-7190-4 **(Bestellnummer 7190)**

Viele positive Zuschriften auf eine vor einiger Zeit unter diesem Titel veröffent-
lichte Serie, legten es nahe, derartige „fertige" und erprobte Vorschläge zum Aufwärmen als Buch herauszugeben. Die insgesamt 90 Aufwärmmodelle sind für
alle Alters- und die meisten Könnensstufen geeignet und hauptsächlich für den
Breiten- und Schulsport gedacht. Anders als im Wettkampfsport ist im „Einleiten-
den Stundenteil" dieser Sportgruppen das Einstimmen genauso wichtig wie das
Aufwärmen; nicht nur der physische Bereich muss stimmen, dem psychischen
Bereich gilt die gleiche Aufmerksamkeit. Ein immer gleichartiges Aufwärmpro-
gramm wirkte im Schul- und Breitensport zu langweilig und zu monoton. Hier
muss der Übungsleiter oder Sportlehrer aufmuntern und anregen, er muss zur
Bewegung motivieren und Interesse wecken, aktivieren und Lernbereitschaft
schaffen. Für ihn geht es darum, zumindest am Anfang, den vergangenen Ar-
beitstag oder die vorhergegangenen Unterrichtsstunden allmählich in den Hin-
tergrund zu drängen und die Stimmung für ein freudvolles Sporttreiben zu
schaffen. Einige Maßnahmen können das gekonnte Einstimmen wirksam unterstützen und werden in den Modellen weitgehend berücksichtigt. Nur wenige
Aufwärmeinheiten enthalten Vorschläge für Stretching und eine ausreichende
Anzahl von Dehnübungen. Diese Übungen müssen vom Lehrer speziell auf die
Bedürfnisse der Übungsgruppe abgestimmt werden und sollten entweder in
einem oder in zwei Blöcken mitten in der Aufwärmeinheit oder vor der Schluss-
übung eingebaut werden.

Verlag Karl Hofmann
Tel. (0 71 81) 402-125, Fax (0 71 81) 402-111

Postfach 1360 · **73603 Schorndorf**
E-Mail: hofmann@hofmann-verlag.de